La légende des mers

**Du même auteur**

*Nouvelles d'Afrique* et *Sillages d'Afrique,* avec Michaël Pitiot et Alban Tarneaud, Gallimard, 2003.

*Les Vents noirs*, J.-C. Lattès, 2017.

*Le Huitième soir*, Galimard, 2019 (prix Nimier).

*La Promesse du large*, Gallimard, 2024 (prix des Écrivains de Marine, prix Lamartine et prix Encre Marine).

Arnaud de La Grange

# La légende des mers

## Héros, mystères & aventures au long cours

*Récits*

éditions du
ROCHER

Hormis « Des nouvelles du pays bleu », « Florence Arthaud, fille du large et de la liberté », et « Virginie Hériot, “la Reine du yachting” », une première version des textes de *La Légende des mers* a été publiée dans *Le Figaro* et *Le Figaro Magazine*.



Éditions du Rocher
28 rue Comte-Félix-Gastaldi – BP 521 – 98015 Monaco

*www.editionsdurocher.fr*

ISBN : 978-2-268-11189-6
EAN epub : 9782268112060

# Des nouvelles du pays bleu

En des temps souvent bien grisâtres, l'éclaircie vient du Grand Sud et les albatros portent le message. Là-bas, dans les rudes latitudes, des hommes et des femmes qui ne se payent pas de mots nous offrent une leçon de courage et de fraternité. De vieux briscards ayant doublé la soixantaine ou des jeunes femmes de 20 ans hissent nos rêves au faîte de leurs mâts. L'engouement que suscite désormais chaque édition du *Vendée Globe* – chez ceux qui vont en mer comme chez ceux qui n'y vont pas – dépasse le cadre maritime pour constituer un vrai phénomène de société. La mer, plus que jamais, dépayse et fait rêver.

Pourquoi cette aventure des Quarantièmes Rugissants suscite-t-elle tant d'émotion ? Sans doute parce que la mer tend son grand miroir à notre époque désabusée. Quand l'indignation se substitue à la réflexion et la gesticulation à l'action, ces femmes et hommes de mer remettent les choses à leur juste place. La vie, la nature, l'humain. Au bruit du monde, ils opposent la solitude choisie. L'air de rien, ils cultivent le dépassement de soi, l'acceptation du risque, la vraie solidarité.

Bien sûr, « tous ne sont pas des anges », aurait dit d'eux Kessel. Ces marins peuvent être caractériels, égocentriques, grandes gueules, roublards. Mais quand ils sont en mer, ils sont face à leur vérité. On pense aux mots de Tabarly : « Naviguer est une activité qui ne convient pas aux imposteurs. Dans bien des professions, on peut faire illusion et bluffer en toute impunité. En bateau, on sait ou on ne sait pas. » La mer est aussi une formidable leçon d'humilité. À chaque retour à quai, notre « marin national » avait ces mots magnifiques : « La mer m'a laissé passer. » Autre belle figure maritime, Loïck Peyron, pour qui la voile est un « appareil de vérité brutale », une école de l'acceptation, de la franchise implacable. La voile « vous tend le miroir de votre intelligence et de votre expérience. Et ce n'est jamais un miroir déformant : il dit vrai », écrit-il dans son *Dictionnaire amoureux de la voile*. Ajoutant qu'en mer, on vaut ce qu'on est, toujours mieux que ce qu'on dit de vous.

Avec beaucoup de respect pour ceux qui régatent, entre trois bouées ou au grand large, je n'ai pas le goût de la compétition sur l'eau. Pour moi, la navigation est avant tout un départ. À chaque fois que je passe une jetée pour gagner le pays bleu, j'ai l'impression de franchir une douane ouvrant sur des terres libres. Face à l'ogre bureaucratique et à la tyrannie de l'instant, l'océan fait figure de dernier espace de liberté. « La mer est sans routes, la mer est sans explications », ces mots d'Alessandro Baricco disent tant. « Le bateau, c'est la liberté, pas seulement le moyen d'atteindre un but », assurait en son temps Bernard Moitessier.

La voile réconcilie la technique et la poésie, nous prouve que l'action ne s'oppose pas au rêve. J'aime cette alliance de l'absolu et de la manivelle. L'horizon et les étoiles tirent vers les divagations oniriques quand la manœuvre rabat vers le concret. Et il y a un mystère du large que même les atterrages ne suffisent pas à dissiper. « Regarder une côte, tandis qu'elle défile le long du navire, c'est comme penser à une énigme », nous conte Joseph Conrad dans *Au cœur des ténèbres*.

L'amour de la mer, fort heureusement, n'est pas réservé aux marins. En vieux loup ayant tracé tant de sillages, Henry de Monfreid était rude avec ceux qui se gargarisent de la mer sans oser l'affronter. Au sujet d'un consul des rivages de l'océan Indien, l'aventurier de la mer Rouge écrit : « Il adore la mer à la façon de Monsieur de Chateaubriand, qui est un peu celle de bien des gens ayant quelque culture et qui se sentent la vocation de marin, du fond de leur fauteuil sur une terrasse en regardant l'océan dormir ou déferler. » On peut pourtant rêver face au large depuis une loggia.

Contemplée, depuis le pont d'un bateau ou l'aplomb d'un rivage, la mer ouvre au beau et au mystère du monde. « J'avais contemplé soixante couchers de soleil sur ce rocher abrupt. J'avais acquis la certitude d'une liberté éternelle », écrit Jack Kerouac dans *Les clochards célestes*. L'icône de la « Beat

Generation » décrit l'horizon glissant du rose au pourpre et le silence qui ressemble à une cataracte de diamants. « On pouvait y puiser la paix pour mille ans », ajoute-t-il. Si la contemplation de la mer n'apaisera pas les convulsions de la planète, la déconnexion de l'homme avec la nature n'est sans doute pas étrangère à l'agressivité générale. Contempler le dégradé des couleurs du varech sur les rochers aux heures descendantes ne peut que nourrir le sens de la nuance.

Ce livre d'hommage à la mer, qui fut pour moi un jour la grande consolatrice, prend la forme d'une navigation, d'histoire en histoire. Au fil des escales, on s'arrête sur de belles figures croisées dans l'histoire maritime. Corsaires, explorateurs, navigatrices pionnières ont tous en commun d'avoir pourchassé leur destin au-delà du trait de côte. Si dissemblables, ils ont ouvert des voies et nourri la légende des mers. Au-delà de la geste nautique, leur passion est universelle et furieusement inspirante.

Ces pages sont des quais d'où l'on embarque avec des marins-pêcheurs, des sauveteurs en mer ou la Marine nationale. Malgré leurs casquettes si différentes, tous ont quelque chose en commun. Ils portent en eux le goût des hommes pour l'ailleurs et le besoin de fuir l'ordinaire. Cette mer qui prend tant d'eux est parfois leur douleur, mais aussi leur fierté. Elle les rehausse. Leurs existences sont éclairées par l'aura de ceux qui vont en mer. Tous se confrontent aux « éléments ». Chez les âmes rêveuses, cet étrange mot presque scientifique n'est pas forcément relié à la mer ou au vent. Il évoque plutôt une horde de divinités plus ou moins bienveillantes, dominatrices à coup sûr. Face à elles, l'homme est ramené à sa taille, petite, si petite, infime.

On relâche dans des îles, ces bouts de terre qui ont le charme insolent des terres non liées. Ce sont des mondes buissonniers, affranchis des terres principales. La vie toujours s'y écoule autrement. Celles d'Écosse ou d'Irlande sont fertiles en mythes et énigmes dissimulés dans les brumes. Des hommes y disparaissent à jamais dans le brouillard, des créatures étranges hantent les eaux profondes, des îles portées sur les cartes se refusent aux marins. Dans notre époque qui veut tout voir et tout savoir, ces lieux perdus entretiennent la flamme de la curiosité. Ils rassurent : à quelques heures de nos villes, le rêve et l'imagination ont encore droit de cité.

D'autres escales de cet ouvrage sont plus lointaines, au fin fond de l'Atlantique Sud ou dans des eaux reculées de l'océan Indien. Elles peuvent receler une valeur géopolitique et économique. On s'est rudement battu pour les Malouines, et Gibraltar reste un héritage contesté de l'histoire. La mer et ses terres isolées apparaissent alors moins légères et moins libres. Les hommes y marquent leur empreinte, parfois lourdement. La géographie éloigne tous ces lieux tout en les rapprochant. « La mer joint les régions qu'elle sépare », écrivait le poète anglais Alexander Pope. Ceux qui les peuplent ont tous ce sentiment de vivre en marge des grands courants du monde.

Si le large fascine tant, c'est qu'il ouvre en grand sur nos terres intérieures. « Quand devant toi/Tu as l'océan/

Tu fréquentes les abords/De ton intérieur », chante le poète Guillevic. Face au grand vide océanique, on entend mieux le murmure discret de l'âme. La mer, comme le voyage, nous ramène toujours à nous-mêmes.

# Héros et héroïnes des océans

# Pierre André de Suffren, « l'amiral Satan »

Les Anglais le pensaient droit sorti des enfers maritimes. Pierre André de Suffren leur avait donné tant de cordage à retordre qu'ils l'avaient surnommé l'« Amiral Satan ». L'officier français fut à l'époque l'un des rares marins à leur faire rabattre leur supériorité. Cette audace valait bien un peu de haine et beaucoup d'admiration. De poudre et d'embruns, la légende du « bailli » a traversé siècles et océans.

Personnalité débordante et contestée, le « Nelson français » est sans doute le plus connu à l'étranger de nos grands marins de guerre. Ses ennemis comme les historiens ont salué sa science de la mer et du combat. Le grand théoricien maritime français, l'amiral Castex, le considérait avec Ruyter et Nelson, comme l'un des « trois noms immortels qui jalonnent l'histoire de la marine à voile ». Fait plus rare, il trouve grâce aussi aux yeux des Anglo-Saxons. Le stratège américain, Alfred Mahan, n'a pas ménagé ses éloges. En 1942, l'amiral King, commandant la Marine américaine, le cite parmi les cinq plus fameux amiraux du passé : il possédait « l'art de tirer le meilleur parti des moyens disponibles accompagné d'un instinct de l'offensive et de la volonté de la mener à bien ». Las Cases a rapporté les mots de Napoléon sur Suffren : « Oh ! pourquoi cet homme n'a-t-il pas vécu jusqu'à moi ? [...] J'en eusse fait notre Nelson, et les affaires eussent pris une autre tournure. »

Qu'il soit ou non né trop tôt, Suffren (prononcer « Suffrin ») fut un jeune homme pressé. Très tôt, il navigua. Né en 1729 en Provence dans une famille aux probables racines italiennes, Pierre André de Suffren aurait tiré ses premiers bords avec des pêcheurs de Saint-Tropez. Dès l'âge de 14 ans, il entre dans la Royale, admis en 1743 chez les gardes de la Marine, un vivier dans lequel l'institution puise pour recruter ses officiers. Portant l'uniforme et l'épée, il y apprend la navigation, l'hydrographie et la science des fortifications. Surtout, les apprentis marins font des « stages » à bord des navires du roi. Ceux-ci sont alors souvent en piteux état, la Marine n'ayant guère été choyée en ces années de guerre de la Succession d'Autriche. Mais la grande rivalité navale franco-anglaise va de nouveau s'embraser, attisée par la guerre que Londres livre à l'Espagne. Lors de la bataille du Cap Sicié, au large de Toulon, Pierre André fait l'apprentissage – encore modeste – du combat sur mer.

Le jeune Suffren passe peu de temps à terre. C'est en mer et au feu qu'il veut faire ses classes. Cela tombe bien, Louis XV déclare la guerre à l'Angleterre le 15 mars 1744. Après la Méditerranée, il découvre l'Atlantique et les Antilles, puis la Manche face aux corsaires britanniques. Deux ans plus tard, il participe à une calamiteuse expédition au Canada, pour reprendre Louisbourg aux Anglais. Viennent ensuite la « guerre des convois » et la rude mission d'escorte des navires commerciaux. Pierre André de Suffren est fait prisonnier par les Anglais pour la première fois à la bataille du cap Finisterre, en 1747.

Relâché l'année suivante, le jeune enseigne de vaisseau de 19 ans se met en congé de la Marine pour rejoindre Malte et l'Ordre de Saint-Jean de Jérusalem. La légende veut qu'à peine arrivé sur l'île, Suffren – qui était une fine lame –, ait défié et peut-être tué en duel un Breton qui avait moqué ses origines méridionales en le traitant de « marchand d'olives ». À l'époque, Malte a déjà connu ses grandes heures et l'idéal chrétien des chevaliers est érodé par des considérations mercantiles. Malgré les vœux prononcés, Suffren ne se sentira d'ailleurs jamais très concerné par la pauvreté, l'obéissance et la chasteté… Il participe à ses premières « caravanes », cette traque maritime des esquifs barbaresques. Puis, Suffren renoue avec la Royale quand éclate la guerre de Sept Ans.

Dans une marine empesée de codes, Suffren est un anticonformiste. Ses manières et sa tenue suffisent à en témoigner. Alors que les officiers de la Royale vont au combat pomponnés, en perruque, bas de soie et escarpins vernis, Suffren apparaît singulièrement débraillé. Il aime porter une culotte bleue déboutonnée aux genoux et une chemise douteuse ouverte sur son poitrail. Avide de vie, il l'est aussi à table et sa silhouette s'empèse au fil des ans.

Son verbe n'est guère plus soigné que son apparence, et le vent emporte souvent des jurons provençaux... Dans la correspondance qu'il entretient avec de nombreux interlocuteurs, sa plume se montre toutefois plus fine. « Rempli de qualités et bourré de défauts, il avait du caractère, lequel était forcément mauvais, écrit Frédéric Hulot dans sa biographie[1]. Mais c'était un chef et il en possédait bien des vertus : imagination, dynamisme et sens de la mesure vis-à-vis des autres tout autant que de la démesure vis-à-vis de lui-même. »

Sous ses atours fantasques, Suffren est un sacré marin et un redoutable tacticien. Et c'est sans doute dans sa personnalité rebelle que réside le secret de son génie maritime. Libre, il sait s'affranchir des habitudes. Indocile, il peut refuser, oser, innover. Peu à l'aise avec les mathématiques, il compense cette faiblesse par un sens marin hors du commun. Que ce soit sur un léger chébec ou un vaisseau de haut bord, c'est un excellent manœuvrier. Il est vite persuadé que l'immuable tactique de combat naval est absurde et doit être bousculée.

Les temps sont à la sacro-sainte ligne de file, où les navires ennemis se croisent en deux rangs parallèles en se canardant. Si l'action fait des dégâts, elle est rarement décisive. « On se rencontre, on se canonne, on se sépare, et la mer n'en est pas moins salée », avait dit Maurepas, ministre de la Marine. Suffren, lui, estime que le combat doit viser la destruction partielle ou totale de l'adversaire. Il faut rompre

1. Frédéric Hulot, *Suffren, « L'Amiral Satan »*, Pygmalion-Gérard Watelet, 1997.

la ligne, scinder l'escadre ennemie pour l'anéantir. Et pour cela il faut de la vitesse (en doublant les coques de cuivre), une artillerie alerte, de la souplesse et de l'audace.

Affecté à Toulon, Suffren participe, au printemps 1756, à la bataille de Minorque, l'île abritait une importante base navale anglaise. Une victoire en Méditerranée avant une longue série de défaites dans les eaux atlantiques canadiennes. Il est ensuite une deuxième fois fait prisonnier par les Anglais au large du Portugal, emmené en Grande-Bretagne, où il va rester captif plusieurs mois. Le constat est implacable, la Royal Navy a la maîtrise des mers. Libéré, l'officier retourne deux années à Malte avant de revenir dans la Marine royale en pleine reconstruction. En 1764, à l'âge de 35 ans, il tient son premier commandement, le *Caméléon*. C'est un chébec, élégant trois-mâts gréé de voiles latines taillé pour la vitesse et la poursuite des bateaux barbaresques. Après une mission au Maroc et un long passage à terre qui l'ennuie, il rejoint Malte pour un troisième séjour. Il y commande une galère et participe à l'expédition contre le Bey de Tunis, en 1770.

Promu capitaine de vaisseau, Suffren réintègre la Marine royale à l'hiver 1772 et commande des frégates en Méditerranée et en Atlantique. Puis la France s'engage dans la Guerre d'indépendance américaine. Sous les ordres de l'amiral d'Estaing, Suffren appareille pour l'Amérique en avril 1778. Il s'illustre au raid de Newport, puis dans les mers Caraïbes. Ambitieux, il n'a pas renoncé à la gloire, cette « fumée pour laquelle on fait tant de choses », comme il l'écrit à Marie-Thérèse d'Alès, le seul véritable amour de sa vie. La campagne qui s'annonce en océan Indien peut la lui offrir. Sadras, Trinquemalay, Gondelour : entre Inde, Ceylan et Sumatra, les affrontements avec les Anglais se succèdent, de 1781 à 1783. Au bout de deux ans, l'« Amiral Satan » peut rentrer en France tête et pavillon hauts, après avoir contesté la mainmise de Londres sur les mers d'Asie.

Paris s'entiche du marin, fêté dans la rue comme dans les salons. Nommé vice-amiral, le voilà riche et respecté à défaut de n'avoir que des amis à la Cour. En 1786, il est nommé ambassadeur de l'ordre de Saint-Jean de Jérusalem auprès du roi. Mais l'homme, qui paye sans doute ses excès de vie et de table, est malade. Souffrant d'un érysipèle goutteux, il meurt le 8 décembre 1788, à l'âge de 59 ans. Un mystère va toutefois planer sur son décès, avec la rumeur d'un – improbable – duel dans lequel il aurait perdu la vie.

L'héritage du bailli fait débat. Auteur d'une biographie de Suffren, Rémi Monaque rappelle que « sa personnalité, infiniment complexe, suscite chez les historiens des controverses passionnées ». « Fut-il le rénovateur d'une stratégie et d'une tactique navale périmées ? Fut-il un chef impulsif et brouillon, incapable de faire comprendre ses intentions à ses subordonnés ? Ses méthodes de commandement sont-elles géniales ou détestables[2] ? » résume-t-il. La réalité se situe sans doute entre ces rives. Aimé de ses hommes pour lesquels il

2. Rémi Monaque, *Suffren*, Taillandier, 2009.

témoignait de l'empathie, Suffren fut souvent dur et cassant avec ses officiers. Et c'est peut-être pour cela qu'il n'a pas su emmener derrière lui toute la Marine. Monaque parle d'un « Nelson sans charisme ». Certains font remarquer que son apport tactique est à relativiser et que ses combats ont rarement été décisifs. Mais nul ne peut nier au héros de la campagne des Indes sa trempe, son instinct et sa qualité de fougueux combattant.

Depuis le premier Empire, un navire de bon rang a toujours porté le nom du célèbre amiral. Après une classe de frégates lance-missiles, c'est un sous-marin nucléaire d'attaque (SNA) qui va bientôt reprendre le nom de Suffren. Le plus « guerrier » des bâtiments de la Marine, sans doute, ce qui n'aurait pas déplu au fougueux bailli.

## Lapérouse, le guerrier explorateur

Parce qu'elle peut être perçue comme un signe de faiblesse, la magnanimité n'a pas toujours bonne presse chez les gens de guerre et de pouvoir. En sus d'être une belle vertu, la clémence envers le faible ou le vaincu peut pourtant sourire à celui qui la pratique. Sans ce respect de l'adversaire, Lapérouse ne serait peut-être jamais devenu le grand explorateur qu'il a été. On dit en effet que ce sont ses qualités humaines, autant que celles de marin et de combattant, qui auraient impressionné Louis XVI. Au point de le choisir comme capitaine de ses navires partant à la découverte du Pacifique.

À l'été 1782, cela fait déjà plusieurs années que l'officier participe aux empoignades maritimes de la guerre d'indépendance américaine. Les Français planchent sur une opération en baie d'Hudson, pour y détruire les établissements fortifiés anglais qui se livrent au commerce des fourrures. Mais le raid a été maintes fois reporté. L'affaire est, de fait, hasardeuse, dans des eaux incertaines parsemées de glaces et noyées dans les brumes.

On finit par désigner le capitaine de vaisseau Lapérouse, qui prend la tête d'une petite division de trois navires, épaulé par celui qui sera désormais son second et ami, Paul Antoine

Marie Fleuriot de Langle. Les conditions sont rudes, mais l'opération est un succès, les forts anglais se rendant les uns après les autres. Lapérouse traite avec des égards particuliers ses prisonniers. Au retour vers Brest, l'expédition est décimée par le scorbut, mais le marin a fait forte impression. « L'habileté tactique, la maîtrise, l'endurance et le sens marin de Lapérouse retiennent l'attention de Louis XVI tout autant que les qualités humaines dont il a fait preuve », écrit l'amiral François Bellec dans son excellente biographie[1]. Le roi s'en souviendra.

Ce sens marin ne doit rien à une naissance survenue bien loin de l'océan. Né le 23 août 1741, Jean-François de Galau, comte de Lapérouse a grandi à l'ombre des remparts et des demeures cossues d'Albi. Mais les récits aventureux d'amis de la famille bouleversent le jeune garçon. Pour lui ce sera le large, le vent, et la poudre quand il le faudra. À l'âge de 15 ans, il entre dans la Compagnie des gardes de la marine de Brest, pépinière des officiers de la Royale.

En cette année 1756, la Marine négligée par Louis XV est en piètre état. « Elle reste tout juste capable de défendre l'honneur du pavillon, pas de soutenir un empire colonial qui s'étend de l'Inde au Canada », écrit François Bellec. Le jeune homme fait ses classes sur ces bateaux au confort sommaire. La guerre de Sept Ans lui fait vite connaître ses premiers combats. Après deux campagnes en Amérique

---

1. François Bellec, *Lapérouse*, Tallandier, 2018.

du Nord, il se trouve embarqué sur le *Formidable* quand l'escadre française rencontre celle de l'amiral Hawke en baie de Quiberon. Placé à l'arrière-garde, son vaisseau concentre l'essentiel des feux ennemis. Quand il amène son pavillon, le pont est jonché de cadavres. Blessé à deux reprises, Lapérouse est fait prisonnier par les Anglais, mais rapidement échangé.

Lapérouse cingle vers Terre-Neuve pour y détruire les pêcheries anglaises et se bat à Saint-Domingue. Puis il met le cap sur l'océan Indien en 1772 et multiplie les campagnes, entre Inde et Madagascar. Pour avoir sauvé le comptoir de Mahé des Indiens, il est fait chevalier de Saint-Louis. Lors de ses longs séjours sur l'île de France (île Maurice), le marin tombe amoureux d'Eléonore Broudou, la fille d'un armateur nantais qu'il épouse dix ans plus tard. En 1777, alors qu'une escadre française se prépare à aller soutenir les insurgents américains, Lapérouse est promu lieutenant de vaisseau. Louis XVI s'intéressant plus que son prédécesseur à la mer et aux espaces lointains, la Marine est alors en plein redressement. Le jeune officier escorte des convois et participe à plusieurs engagements couronnés de succès contre les Anglais. Puis, c'est l'exploit de la baie d'Hudson.

Louis XVI aime la géographie et l'exploration. Le roi est fasciné par les voyages de James Cook dans le Pacifique. Tué en 1779 dans une querelle avec les habitants d'Hawaï, ce dernier n'a pu terminer son œuvre. Lapérouse prendra donc le relais. Avec pas moins de trois voyages en une dizaine d'années, Cook a spectaculairement défriché le grand océan.

Surtout, l'explorateur britannique a franchi le cercle polaire antarctique. À l'époque, on fantasmait beaucoup sur une Terra Australis, sorte d'Eurasie de l'hémisphère Sud. Cook montre qu'un tel continent, du moins habité, n'existe pas, mais il reste bien des eaux à explorer. Lapérouse devra reconnaître les côtes où Cook n'est pas passé, celles de Californie, de la mer de Chine et de la partie australe de la Nouvelle-Hollande (nom donné alors à l'Australie).

Deux navires porteront l'expédition scientifique. On les a voulus plus solides que rapides, des flûtes, bateaux de charge de 500 tonneaux équipés de trois mâts aux voiles carrées. Rebaptisées la *Boussole* et l'*Astrolabe*, elles sont préparées pour un voyage de trois ans autour du monde. Lapérouse a pu confier le commandement du deuxième navire à Fleuriot de Langle, choix d'autant plus judicieux que l'homme est passionné d'astronomie. Ce qui fascine, en nos temps de savoirs segmentés, c'est l'éventail de disciplines qu'une telle mission pouvait embrasser. Elle embarque une quinzaine de savants et d'artistes, deux astronomes, quatre naturalistes et physiciens, un ingénieur géographe, des peintres spécialisés dans les paysages ou l'histoire naturelle. Lapérouse constitue une imposante bibliothèque et se dote des meilleurs instruments de mesure et d'observation.

L'expédition fait aussi un grand pas dans le domaine de la navigation. « Pour la première fois, les navigateurs scientifiques peuvent mesurer leur longitude par la mesure des distances lunaires et par les montres de grande précision », note François Bellec. Fondamentale, car permettant de se situer sur les cartes en donnant la position est-ouest du navire, la longitude est depuis longtemps au cœur de toutes les attentions. En 1714, avec le Longitude Act, la Grande-Bretagne a même offert 20 000 livres (plusieurs millions d'aujourd'hui) à celui qui trouverait un moyen fiable de la calculer. Après des années de recherches de la part des astronomes et des horlogers, la technique se met au point. « Seul Cook a déjà bénéficié de cette révolution en matière de navigation. » Tous les officiers du bord ont été formés à ces nouvelles techniques et on embarque deux horloges à longitude à poids et trois horloges à ressort.

Les deux navires, élevés au rang de frégates, appareillent de Brest le 1er août 1785. Après avoir doublé le cap Horn le 1er février et relâché au Chili, l'expédition mouille à l'île de Pâques, puis s'arrête à Hawaï. Elle met alors le cap sur l'Alaska avant de redescendre en Californie et de traverser le Pacifique d'est en ouest pour atteindre Macao à l'aube de l'année 1787. Les frégates remontent ensuite vers le nord, le Kamtchatka, les côtes de Corée, puis le Japon. Lapérouse découvre un détroit entre Hokkaido et Sakhaline (Russie), qui porte aujourd'hui son nom. Son jeune interprète, Barthélemy de Lesseps (l'oncle de Ferdinand qui percera le canal de Suez), débarque avec moult documents qu'il rapporte à Versailles, au terme d'un voyage d'un an à travers la Sibérie. Par précaution, l'explorateur envoie son journal et ses relevés cartographiques à chaque escale. Son esprit ouvert et son sens de la nuance y transparaissent.

« Indépendant d'esprit, Lapérouse portera tout au long du voyage un regard critique sur l'administration des colonies ibériques d'Amérique et du Pacifique, sur leur gestion économique, les pratiques religieuses et le traitement des indigènes », écrit François Bellec. La *Boussole* et l'*Astrolabe* cinglent alors vers les îles Samoa, baptisées joliment l'archipel des Navigateurs par Bougainville. Après un début d'escale enchanteur, un affrontement avec des Samoans fait douze morts, dont Fleuriot de Langle. Très éprouvé par ce nouveau coup du sort, Lapérouse met le cap sur l'Australie et Botany Bay.

Les deux navires repartent pour leur dernière navigation le 10 mars 1788, direction les Tonga, la Nouvelle-Calédonie et les îles Santa Cruz dans l'archipel des Salomon. C'est à 75 milles de l'île que le destin s'abat sur l'expédition sous la forme d'une tempête tropicale poussant les bateaux sur des brisants. Le grand silence tombe. L'expédition est déclarée perdue en avril 1789. Une première mission de recherche menée par d'Entrecasteaux est lancée en 1791 et va durer trois ans. On raconte que les derniers mots de Louis XVI, en quittant sa prison le jour de son exécution, auraient été : « A-t-on des nouvelles de monsieur de La Pérouse ? »

Mais la citation est sans doute apocryphe. Ayant eu vent d'indices découverts, Dumont d'Urville prend la tête d'une nouvelle expédition en 1825. Mais c'est un capitaine de commerce britannique, Peter Dillon, qui découvre en 1827 sur l'île de Vanikoro des restes du naufrage, poulies ou pièces de monnaie et jusqu'à la cloche de l'*Astrolabe*. Dumont d'Urville rallie le site l'année suivante et découvre d'autres vestiges, ancres et canons. Conformément aux témoignages oraux, on a retrouvé des traces d'un campement de survivants, mais le mystère entoure leur sort. Ont-ils fini décimés par la malaria ou massacrés ? D'autres auraient repris la mer sur une petite embarcation. Mais pour quelle destination ?

Depuis, de nombreuses plongées et fouilles ont eu lieu, mais le voile ne sera sans doute jamais totalement levé. En 2011, le squelette d'un homme d'une trentaine d'années retrouvé dans une épave de Vanikoro et non identifié a été inhumé dans la cour d'honneur du château de Brest. Une sorte de soldat inconnu de l'exploration.

# Anita Conti, « la grande dame de la mer »

Ce fut un ondoiement à la fois païen et sacré, un baptême dans le culte de l'océan et de la nature. Dès ses premières semaines, Anita Conti fut marquée. Elle n'est qu'un nourrisson quand son père la plonge dans la mer, au large de Lorient. La mode des « bébés nageurs » n'est pourtant pas apparue, mais Léon Caracotchian, médecin d'origine arménienne, est acquis aux théories hygiénistes. Un brin fantasque, il cultive l'art de se soigner en harmonie avec les forces et les ressources naturelles.

L'eau, le sel, l'iode, la petite fille se voit étrangement assigner un destin. Née sous les arbres sages d'Ermont-sur-Oise le 17 mai 1899, Anita Conti ne va plus chercher que lames et embruns. Celle que l'on appellera la « Dame de la mer » avait trouvé le sens de sa vie. Et ce qui fascine est sa fidélité à un même univers tout en l'abordant de diverses façons, par la science, l'art ou la littérature. Première femme océanographe française, Anita Conti fut aussi relieuse d'art, journaliste, photographe, écrivaine. Elle embrassait le monde entier pourvu qu'il soit fait d'eau.

Son enfance se passe entre la mer et l'ailleurs. La famille voyage en Europe, de préférence le long des traits de côte, et c'est une école de vie pour Anita. C'est ainsi qu'en 1911 elle passe quelques mois à Constantinople auprès d'un oncle, plus haut conseiller juridique du sultan. Nulle éducation scolaire classique : « Elle sera élevée à la lumière de la culture humaniste que lui enseigneront tous les vieux professeurs en retraite et les précepteurs attentifs dont ses parents s'attachent les services à chacune des escales, dans chacun des ports », écrit son fils adoptif, Laurent Girault-Conti[1]. Quand l'orage de 1914 se profile, la famille gagne l'île d'Oléron. Pour l'adolescente, ce sont les premiers bords sous voile. Les premières photographies aussi de bateaux dans tous les moments de leur existence, à quai, sous voile, abandonnés, échoués…

C'est dans les méandres semés de mots des bibliothèques qu'Anita commence à naviguer. Elle doit le goût des livres à son grand-père maternel, Albert Lebon, et sa bibliothèque aux trente mille volumes. La voilà relieuse d'art. Du cuir, elle fait des peaux pour les livres de Loti, les œuvres de Verlaine ou les romans de Mac Orlan. Ce dernier rendra hommage à « celle-qui-écoute-parler-les-livres ». La jeune femme commence à écrire aussi, dans des journaux comme *L'Intransigeant* et *Le Figaro*, des articles qui tiennent à la fois du reportage, de la chronique sociale et de l'analyse scientifique. Car entre deux pages, celle qui signe « Anita Cara » prend la mer.

---

1. Laurent Girault-Conti, *Anita Conti, la Dame de la mer*, Revue noire, 1998.

Anita multiplie les embarquements sur des harenguiers de Dunkerque ou des morutiers à voile. Si elle aime écrire des poèmes, la jeune femme ne cultive pas une approche éthérée de la mer. À ses yeux, l'océan est un lieu de labeur où des hommes s'usent et parfois perdent leur vie. À ces forçats de l'océan, sa vie entière rendra un vibrant hommage. Anita – que l'on appelle Conti depuis son mariage avec le diplomate Marcel Conti, en 1925 – a une approche aussi vivante qu'encyclopédique de la mer. Elle lit tout ce qui passe sous ses yeux, qu'il s'agisse de géographie, de flore, de pêche, d'histoire. Sur les bateaux, elle s'intéresse à l'aspect humain, mais dresse aussi des cartes de zones de pêche et effectue des mesures de salinité ou de température.

Ses publications la font remarquer par le patron de l'OSTPM (Office scientifique et technique des pêches maritimes, ancêtre de l'Ifremer), qui la recrute en 1935. La voilà océanographe et sous le pavillon de la marine marchande. Sans diplôme scientifique, elle est affectée à la communication – on dit propagande à l'époque –, mais sa fougue et ses compétences la font vite sortir de ce rôle. Elle embarque, observe, étudie. C'est une époque de pionniers où la recherche se fait sans les grandes techniques d'aujourd'hui. « Lire la mer, en apprécier les volumes, la physionomie, la chimie, les profondeurs, les fonds, alors que les radars et les sonars n'existent pas encore. Peut-on encore se représenter ce que cela veut dire ? », écrit Laurent Girault-Conti. Les régions arctiques n'ont pas de cartes de pêche ? Au printemps 1939,

Anita Conti embarque sur le *Viking*, un gros chalutier de 64 m. Une femme à bord, au milieu des rudes terre-neuvas ! Anita passe cent jours au milieu de 50 hommes et de mers difficiles.

Belle, jeune et femme dans un monde encore très viril, Anita Conti sait faire face quand il le faut. Elle n'aime pas les cyniques, mais a de la faiblesse pour ces « paysans des mers ». Elle préfère leur rude simplicité aux pièges sournois du beau monde dans lequel elle s'amuse à plonger, parfois. Celle qui filtra un jour du plancton dans une robe de soirée ne se plaint jamais de sa condition et préfère avancer, se battre, prouver. « Garçon manqué ? Non ! Fille réussie ! » aimait-elle à dire.

La guerre, de nouveau, fait entendre son sale grondement. Anita ne peut rester à quai. Pour traquer les mines, les bateaux de pêche en bois sont très appropriés. Forte de son expérience, elle réussit à embarquer pour ces dangereux dragages en Manche et en mer du Nord, devenant la première femme miliaire embarquée de la Royale. Elle participe à la tragique évacuation de Dunkerque. En mars 1941, elle monte à bord du *Volontaire*, un chalutier qui appareille de Saint-Malo pour l'Afrique. Il faut bien que des pêcheurs continuent à nourrir populations et armées alliées. Des côtes sahariennes à Dakar, elle étudie durant deux ans les espèces de poissons et cartographie les zones de pêche. En 1943, le gouvernement d'Alger lui commande une étude sur les ressources halieutiques. Fidèle à sa manière, Anita Conti veut tout voir, tout comprendre et surtout ne rien bousculer avec des certitudes d'Occidentale.

Elle met en place des pêcheries qui respectent les techniques locales et s'intéresse particulièrement aux vertus du foie des requins. Quand, en 1947, sa mission n'est pas renouvelée, elle ne peut se résoudre à quitter ces mers d'Afrique et crée ses propres pêcheries. Mais les difficultés administratives se conjuguent aux tempêtes ravageuses et, au bout de trois ans, Anita Conti doit renoncer et rependre le chemin de la France.

C'est l'heure du retour vers les mers froides. Anita Conti passe à l'été 1952 des eaux tropicales aux bancs de Terre-Neuve à bord d'un grand chalutier de Fécamp, le *Bois Rosé*. Une saison de pêche de six mois, rythmée par les quarts, carnet dans une main et appareil photo dans l'autre. Pour les hommes qui s'échinent sur le pont, elle s'évertue à lire la mer et ses fonds. « Quand on remonte le chalut, on remonte l'inconnu », écrira-t-elle joliment. De cet embarquement comme de tous les autres qui ont précédé, Anita Conti tire un livre. *Racleurs d'océans*[2] est publié en 1953 et rencontre le succès. Elle fait connaître au public la « grande pêche », ce métier fait d'autant de rudesse que de noblesse. L'écrivain conte cette vie où le seul espoir de repos réside dans la tempête. Et dit magnifiquement cet « orgueil de l'impitoyable, cette exaltation de l'immesuré ». D'autres récits vont suivre, comme *Géants des mers chaudes*[3], inspiré par ses années africaines.

---

2. Anita Conti, *Racleurs d'océans*, Payot, 2017.

3. Anita Conti, *Géants des mers chaudes*, Payot et Rivages, 2002.

La quête de savoirs océaniques d'Anita Conti semble inépuisable. Elle se passionne pour le requin-pèlerin avant d'embarquer pour une campagne méditerranéenne à bord du navire scientifique *Président Théodore Tissier*. Elle plonge à 300 m dans un engin sous-marin avant de travailler deux ans à Monaco, accueillie par Cousteau. La voici pionnière dans la prise de conscience que la ressource des océans n'est pas inépuisable. Elle se bat contre le gaspillage, les dérives industrielles, la surpêche, planche sur un chalut sélectif et explore l'aquaculture. À 70 ans, à 80 ans, Anita Conti ne raccroche pas son ciré et fixe toujours cet « horizon qui recule à mesure qu'on s'avance ». Elle continue à courir les quais, on la connaît, on l'embarque. Rare consécration pour quelqu'un de vivant, un chalutier est mis à l'eau sous le nom d'*Anita Conti*. Avec une originalité d'esprit qui séduit et déconcerte à la fois, elle donne des conférences et continue d'écrire. En 1971, elle publie *L'Océan, les bêtes et l'homme, ou l'ivresse du risque*[4], ouvrage qui concentre ses expériences et ses visions[5].

« Exploratrice de la dernière génération de ces arpenteurs de la planète, chercheurs voyageurs de l'envergure d'un Théodore Monod ou, plus loin de nous, de la grande Alexandra David-Néel, qui tracèrent leur voie entre science, connaissance et humanisme, écrit Catherine Reverzy[6]. Elle

4. Anita Conti, *L'Océan, les bêtes et l'homme, ou l'ivresse du risque*, Payot, 2002.

5. Anita Conti, *Les Terre-neuvas*, Le Chêne, 2009.

6. Catherine Reverzy, *Femmes d'aventure*, Odile Jacob, 2001.

fut de ceux qui avaient eu l'intuition de ce que nous appelons aujourd'hui le développement durable. » Défricheuse, elle avait toutefois un sens aigu de l'héritage. « Je vis avec tous ceux qui ont précédé », disait-elle. Comme toutes les grandes dames, son cas lui importait moins que sa cause. Laurent Girault-Conti, qui prend soin de l'immense legs d'Anita, raconte que son éditeur se désespérait de recevoir le manuscrit de ses Mémoires. Mais cette femme d'exception préférait que son sujet soit la mer, ses bêtes et ses hommes. « L'important est de ne pas penser à soi, de ne jamais revenir à soi », disait-elle.

On raconte que lorsque Anita Conti s'est éteinte, dans la nuit de Noël 1997, la tempête soufflait fort sur le port de Douarnenez. Comme si la mer voulait reprendre cette grande âme qui avait toujours cherché « quelque chose qui vaut mieux que soi ».

# Virginie Hériot, « la Reine du yachting »

Elle aurait pu se contenter d'être une passagère, de celles qui se laissent porter par le cours de la vie. Son monde, sa fortune, tout incitait à la nonchalance voyageuse. Mais Virginie Hériot avait besoin d'être actrice de son existence, de tenir la barre. Les fauteuils des paquebots ne pouvaient la combler, il lui fallait le vent, la vitesse, les défis. Au cœur des Années folles, la jeune femme s'impose comme une régatière de haute volée. À tel point que les Anglais, jaloux de leur gloire maritime et pas toujours tendres pour leurs voisins français, la surnomment « *The Queen of Yachting* » ou « *The Greatest yachtwoman in the world* ». Et que le poète indien Rabindranath Tagore, prix Nobel de littérature, lui tisse un joli surnom, « Madame de la Mer ».

Son nom court sur les mers en 1928. Quatre ans plus tôt, Virginie Hériot a échoué à se qualifier pour les Jeux olympiques de Paris. Mais elle est sélectionnée pour les Jeux d'Amsterdam et mène un équipage de 5 hommes à bord de son voilier *Aile VI*, un élégant 8 m JI. Les régates s'enchaînent dans le vent fort et une mer formée. Lors de la finale, Virginie et son équipage coiffent sur la bouée la Suède et les Pays-Bas. À 38 ans, la jeune femme offre à la France une magnifique médaille d'or. L'année suivante, c'est un nouvel exploit quand la navigatrice reprend la Coupe de France aux Anglais. Elle emporte aussi la coupe d'Italie et celle du Roi d'Espagne. En devenant la première navigatrice médaillée olympique, Virginie Hériot signe plus qu'un exploit personnel. Elle montre la voie à d'autres femmes et, d'une manière plus générale, popularise la pratique de la voile et l'esprit du yachting.

La mer, très tôt, a marqué sa vie. Mais elle aurait pu se contenter de la regarder de haut, tant sa naissance et son mariage lui offrent une vie dorée. Virginie Hériot voit le jour en 1890 au Vésinet dans une famille de la grande bourgeoisie des affaires. Son père, Olympe Hériot, vétéran de la guerre franco-prussienne de 1870, est le propriétaire des Grands Magasins du Louvre, dont il a épousé une vendeuse du rayon corsets. Olympe en a hérité après son frère Auguste, mort sans descendance. Ce dernier a inspiré à Zola son personnage d'Octave Mouret, héros du roman *Au bonheur des dames*. Ces grands magasins, qui vivront jusqu'en 1974, seront d'ailleurs pionniers dans leur gestion du personnel, avec la création d'un restaurant d'entreprise, d'une crèche pour les enfants et de la « rente Hériot », une retraite pour les salariés mise en place dès 1900.

Les années d'enfance se passent dans un doux confort affectif et matériel, avant que la fillette ne voie son insouciance balayée par deux drames familiaux. La mort de son petit frère Jean, à l'âge de deux ans, puis celle de son père en 1899, alors qu'elle n'a que neuf ans. De ces coups du sort, Virginie Hériot gardera la conviction qu'il faut vivre intensément, sans surseoir, quand tout peut s'arrêter brutalement. La mer va être la grande consolatrice. Devenue veuve, la mère de Virginie, Anne-Marie, fait l'acquisition d'un grand yacht à vapeur, le *Katoomba*, rebaptisé plus tard *Salvador*. En 1904, Virginie a 14 ans quand elle embarque avec sa mère, son frère et des amis de la famille pour trois mois de croisière en Méditerranée. Istanbul, Naples, Syracuse, Smyrne, les escales s'égrènent comme autant d'enchantements. En mer, l'adolescente s'initie à la navigation. Au hasard de ces pérégrinations, elle fait même la rencontre de l'officier de Marine et écrivain Pierre Loti qui les accueille à bord du croiseur-torpilleur *Vautour* dont il est le pacha. Une passion naît, une conviction se fait, sa vie tournera autour de la mer.

À peine âgée de 19 ans, Virginie se marie en 1910 avec François Marie Haincque de Saint Senoch dans la fastueuse propriété de la Boissière-École, près de Rambouillet. Son époux a lui aussi une inclination prononcée pour la mer. Le voyage de noces se fait d'ailleurs sous son signe, à bord du *Salvador* que la jeune femme a reçu en cadeau de mariage. Elle fait vite construire son premier yacht de course, *Aile I*, avec lequel elle inaugure réellement sa carrière de régatière. Mais la guerre arrive et l'humeur n'est plus à la plaisance. En 1918, un problème de santé sérieux l'empêche d'avoir d'autres enfants, après son fils Hubert né en 1913. Son mariage se délite et, en 1921, c'est une jeune divorcée qui appareille sur le *Finlandia*, un grand yacht à vapeur de 85 m dont elle a fait l'acquisition. Elle le remplace vite par une goélette en acier de 45 m, achetée à l'empereur d'Allemagne, qu'elle baptise *Ailée*. Cette femme mince et gracieuse, au visage sans cesse nimbé de mélancolie, passe à bord les trois quarts de son temps, ne séjournant que rarement dans son appartement parisien. La mer est sa vie et son havre. Elle y a trouvé « le rêve, puis l'inspiration que donne la méditation, et enfin l'action ».

L'héritière a l'esprit de compétition et la soif de vitesse. *Aile II*, *Aile III*, *Aile IV*... au fil des ans, elle fait construire une série de voiliers de course, notamment des 6 m JI et 8 m JI. Parcourant le monde et ses plans d'eau, elle s'aligne dans des dizaines de régates chaque année. En 1931, elle remporte le duel qui l'oppose au trois-mâts *Sonia* sur le parcours Ryde-Le Havre-Ryde, une course entre la France et l'île de Wight. Après son couronnement olympique d'Amsterdam, elle rêve de défendre son titre aux Jeux de Los Angeles de 1932, mais elle ne parvient pas à aligner le bateau qu'il faudrait.

Ses succès dans un sport où les hommes règnent sur les vagues ont mis Virginie Hériot en pleine lumière. De sa notoriété et de sa bonne fortune, elle fait bon usage. La riche navigatrice entend faire rayonner le monde maritime et promouvoir la navigation à voile. « La mer que je me suis juré, jusqu'au souffle suprême, de faire aimer aux Français, en leur apprenant à mieux connaître notre Marine, dit-elle, l'enseignement de la mer, voilà mon programme. Lui gagner toujours plus de cœurs, voilà mon but. » Elle donne des conférences dans toute l'Europe et en Afrique du Nord. En 1930, celle qui a déjà été décorée de la Légion d'honneur après sa victoire olympique reçoit le Mérite naval espagnol des mains du roi Alphonse XIII.

Dans le monde politique comme dans les milieux économiques, on lui tresse des lauriers. La « Grande dame du yachting », comme on l'appelle aussi, peut s'appuyer sur un réseau de premier ordre. Elle est proche du navigateur solitaire Alain Gerbault ainsi que du commandant Charcot, le célèbre explorateur polaire qui préside le Yacht Club de France, une institution dont elle est membre et qui bénéficie de ses dons. Le ministre de la Marine, Georges Leygues, ne tarit pas d'éloges sur cette « ambassadrice de la Marine française ». En 1928, elle devient d'ailleurs la première femme quartier-maître d'honneur de la Marine. Elle est aussi marraine de l'École navale, à qui elle offre une bonne dizaine de bateaux afin que les élèves-officiers puissent acquérir le sens marin en s'initiant à la voile. « Il n'y a pas de formation maritime possible sans la pratique de la voile », aime-t-elle à dire. En hommage, une promotion de « Bordaches » porte son nom tandis que le club de voile de l'École navale s'appelle le « Club Ailée ». Lors de sa dernière conférence, prononcée à l'École, le 27 juillet 1932, peu de temps avant sa mort, elle déclare : « C'est avec la même émotion que je prends de nouveau la parole dans cet amphithéâtre accoutumé à la science et dont l'écho a si peu l'habitude de répercuter les inflexions d'une voix féminine. »

« L'amirale » ne badine pas avec sa passion. La régate est pour elle une mission, une affaire de fierté nationale et de patriotisme. « La voile est mieux qu'un sport, elle est un devoir, affirme-t-elle, et celui qui affronte les régates internationales se met sans réserve au service du pavillon français. » Ajoutant : « Ma vie, c'est défendre les couleurs de la France. » Un de ses livres a pour titre *Service à la mer*. Avec une tonalité très militaire, elle estime que « l'équipage et le bateau ont une âme, celle de leur chef dont la devise doit être "Valeur et Discipline", telle qu'elle est gravée dans l'acier de nos croiseurs[1] ». Elle tient souvent à rappeler que ses bateaux couronnés de gloire sont construits par des chantiers français.

Cette femme volontaire et combative pare la navigation de valeurs suprêmes. « La mer, école de discipline, d'honneur, de droiture, creuset magnifique où se mêlent et se fondent toutes les plus pures qualités qui enfantent les races fortes et décidées », écrit-elle encore. La navigatrice pose aussi des traits d'écume sur des pages blanches. Elle écrit plusieurs ouvrages sur la mer et ses mondes, des récits de croisières et de la poésie. Son recueil de poèmes, *Une âme à la mer*[2],

---

1. Virginie Hériot, *Service à la mer*, Société d'éditions géographiques maritimes et coloniales, Paris, 1932.

2. Virginie Hériot, *Une âme à la mer*, préface d'Alain Gerbault, Les Gémeaux, 1929.

préfacé par Alain Gerbault, est même distingué par l'Académie française, par le prix de la langue française en 1930.

À l'orée de l'année 1932, alors qu'elle navigue en Méditerranée, Virginie Hériot est grièvement blessée au foie et aux côtes, lors d'une tempête entre Venise et la Grèce. Sourde aux appels de ses proches qui l'exhortent à se reposer et à observer une sage convalescence, cette femme obstinée ne décroche pas de la compétition. À l'été, alors qu'elle est encore mal en point, elle s'aligne dans la Régate du cinquantenaire de la Société de voile d'Arcachon. Le 27 août, malade et après un premier évanouissement, elle tient à être sur le plan d'eau alors que le ministre de la Marine assiste à la course, mais elle fait un malaise. Le lendemain, elle meurt à bord de son bateau. Elle a 42 ans.

En vingt-huit années de navigation, « Madame de la mer » a parcouru plus de 140 000 milles nautiques à bord de ses bateaux, soit l'équivalent de six fois et demie le tour de la Terre. Les obsèques ont lieu en l'église Sainte-Clotilde à Paris, en présence de Georges Leygues et du maréchal Pétain. Sa mère ne peut se résoudre à immerger son corps au large des côtes bretonnes, comme le souhaitait Virginie. Celle-ci est donc inhumée dans le caveau familial de La Boissière. Seize ans plus tard, après le décès de sa grand-mère, le fils de Virginie, Hubert, décide de respecter ses dernières volontés. Le torpilleur le *Basque*, dépendant de l'École navale, procède à l'immersion du cercueil au large de Brest, entre les îles de Sein et d'Ouessant.

L'âme de Virginie Hériot est toujours à la mer. Au printemps 2024, les Affaires maritimes de Marseille ont baptisé leur nouveau bateau du nom de la navigatrice. Et après la fin de la seconde guerre mondiale, le Yacht Club de France a créé, pour la série des gracieux Dragons, la Coupe Virginie Hériot, couplée avec leur championnat d'Europe. Un bel hommage pour celle qui avait dit : « Créez une régate en souvenir de moi, afin d'encourager le sport de la voile, mais que ce soit une régate internationale, rien n'étant plus international que le vent et la mer parce que personne ne pourra jamais tracer une ligne sur la mer. »

## Moitessier, le vagabond de haute mer

Certains gestes, aussi sublimes et grands fussent-ils, distillent un parfum de posture. Ils semblent rechercher un effet, viser la lumière, voire une trace dans la postérité. D'autres au contraire répondent à l'appel d'une voix, de ces « patries intérieures » chères à Saint-Exupéry. Ils sont viscéraux, indispensables, salvateurs. Ainsi en est-il de la décision folle de Bernard Moitessier quand il renonce à la victoire dans le premier tour du monde en solitaire pour tourner le dos à l'Europe et ses « faux dieux ». Il y a une dimension morale qui fascine chez Moitessier. Un renoncement au monde et un rapport à la nature étonnamment modernes, qui résonnent en ces temps de questionnements suscités par une étrange pandémie planétaire.

Ces mots, à la fois sages et fous, sont restés mythiques : « Je continue sans escale vers les îles du Pacifique parce que je suis heureux en mer, et peut-être aussi pour sauver mon âme. » Au moment où il envoie son message avec un lance-pierre sur le pont d'un cargo au large de Cape Town, Bernard Moitessier est assuré de gagner la première course autour du monde en solitaire et sans escale. Le Français est involontairement à l'origine de l'épreuve créée par les Anglais.

Apprenant qu'il projetait une telle aventure, le *Sunday Times* décide en 1968 de créer une compétition. Le règlement est aussi simple que le défi est ardu : il faut boucler un tour du monde par les trois caps – Bonne-Espérance, Leeuwin et Horn –, sans toucher terre et sans assistance, en partant entre le 1er juin et le 31 octobre d'un port anglais. Le vainqueur recevra un chèque de 5 000 livres et un globe doré. Le Golden Globe, ancêtre de l'actuel Vendée Globe, est créé.

Neuf concurrents prennent le départ : six Britanniques, un Italien et deux Français. Moitessier navigue sur *Joshua*, un ketch en acier de 12 m. Il faut embarquer de l'eau douce et des vivres pour huit à dix mois, mais il refuse d'emporter une radio. Parti de Plymouth le 22 août 1968, il ne lui reste qu'à remonter l'Atlantique jusqu'en Angleterre après avoir passé le Horn. Il semble assuré de la victoire et de la gloire. De la prime aussi, bienvenue pour un marin désargenté. Attirant l'attention d'une vedette avec un miroir, le marin à l'allure de vieux yogi jette un sac étanche avec du courrier pour ses proches et une copie de son journal de bord pour son éditeur, Jacques Arthaud. Il confirme : « Je continue. » Alors qu'il vient de passer des mois en mer éprouvants pour le bateau comme pour son skipper, le voilà prêt pour un deuxième tour du monde sans s'arrêter. Dans son livre[1], Jean-Michel Barrault, qui l'a bien connu, rappelle la stupeur générale : « Que cherche Moitessier ? Qui est cet homme qui

1. Jean-Michel Barrault, Moitessier, le long sillage d'un homme libre, Arthaud, 2014.

tourne le dos aux honneurs et à l'argent et repart vers les solitudes extrêmes des mers australes ? »

Que cherche Moitessier ? Pour tenter de comprendre, il faut remonter à son enfance indochinoise. Né au Tonkin le 10 avril 1925, le jeune garçon grandit dans une famille de cinq enfants avec un père négociant et une mère artiste. Son enfance se déroule au sud, à Saigon, et les vacances se passent dans un village de pêcheurs, Rach Gia, qui va le marquer à jamais. « Très tôt il aime flâner dans le marché, se mêler à la vie du petit peuple, humer les odeurs, manger une soupe chinoise accroupi sur ses talons. Il rôde sur les bords des arroyos pour contempler les jonques », raconte Jean-Michel Barrault. Ses amis s'appellent Xaï, Phuoc, Kieu, Hao et il parle leur langue. Avec eux, Bernard court la forêt, aide à calfater les coques. Parfois, récompense suprême, il embarque. Pour Moitessier, ces moments sont fondateurs. Au contact de « son village », il se forge ce rapport simple et instinctif avec la nature. Il apprend à faire corps avec la mer, à naviguer avec les sens. « La voile est une religion, il faut écouter son bateau », dira-t-il plus tard.

Peu scolaire, Bernard se retrouve à 18 ans contremaître dans une plantation d'hévéas, mais ne pense qu'à la mer. La guerre rattrape l'Indochine avec l'invasion japonaise, puis d'autres troubles. Il est mobilisé comme matelot-interprète. L'absurdité du conflit dresse les amis les uns contre les autres. Symbole de la tragédie, son frère tue un de leurs anciens camarades vietnamiens, avant de se suicider peu après. Pour

Moitessier, c'est la fin des illusions. La mer n'en sera que plus essentielle.

Le jeune homme monte une petite entreprise de cabotage à la voile entre la Cochinchine et le Cambodge. Suspecté de trafic d'armes, il doit vite arrêter. Il faut partir. Nourri des lectures de Conrad, Stevenson, Gerbault, il rêve aux îles. Les navigations vont se succéder, avec presque autant de naufrages… Le navigateur quitte l'Asie en 1952 sur une jonque, la *Marie-Thérèse* – du nom d'un amour passionné –, mais son navire va à la côte sur les îles Chagos. Après trois ans à l'île Maurice, il reprend la mer sur *Marie-Thérèse II* et gagne l'Atlantique pour aller se fracasser sur l'île Saint-Vincent.

C'est le retour en Europe. Les poches vides, le marin se fait représentant médical. Il écrit *Vagabond des mers du Sud*[2], qui paraît en 1960 et rencontre le succès. Moitessier peut penser à son futur bateau, un ketch en acier de 12 m avec des poteaux télégraphiques comme mâts et des haubans faits de câbles PTT. Le marin rencontre Françoise, déjà mère de trois enfants, qu'il épouse en 1961. Le voyage de noces est particulier, une longue équipée, entre l'automne 1963 et le printemps 1966, qui les mène des Canaries aux îles Marquises en passant par les Antilles et les Galápagos. Sur le chemin du retour, le couple effectue la plus longue navigation sans escale accomplie par un voilier de plaisance, soit 26 000 milles de Tahiti à l'Espagne en passant par le

2. Bernard Moitessier, *Vagabond des mers du Sud*, Flammarion, 2011.

cap Horn. Torturée, douloureuse, la période qui va suivre sera un autre moment-clé du cheminement de Moitessier. De cette aventure, il a tiré un livre, *Cap Horn à la voile*[3], mais il l'estime bâclé. L'écrivain a l'impression d'avoir « trahi », de n'avoir pas su rendre « ce chant sacré du lointain ». « Bernard a perdu ce qu'il appellera "l'Alliance", son accord intime avec lui-même et avec l'univers, écrit Jean-Michel Barrault. Il a gâché la signification profonde de son osmose avec les forces grandioses, la beauté sublime des hautes latitudes. » Il glisse dans la dépression, songe même au suicide. Entre des moments de plénitude, il connaîtra d'autres périodes de doute extrême et de désespoir.

Pour se racheter, il veut écrire un nouveau livre sur une aventure maritime totale. D'où l'idée de ce tour du monde en solitaire et sans escale. Quand on lui propose de le faire en course pour le premier Golden Globe, il est furieux. « L'esprit de compétition risquerait de faire perdre de vue l'essentiel : cette course au bout de soi-même, cette recherche d'une vérité profonde avec pour seuls témoins la Mer, le Vent, le Bateau, l'Infiniment Grand et l'Infiniment Petit », écrit-il. On connaît la suite, sa décision de participer, puis de bouder la victoire et de « continuer ». Sa quête d'absolu a des accents de révélation mystique. « La mer me dit des choses que je commence à comprendre maintenant. Je veux aller plus loin », écrit-il. Il va plus loin, en effet, double de

---

3. Bernard Moitessier, *Cap Horn à la voile*, J'ai lu, 2021.

nouveau les caps de Bonne-Espérance et Leeuwin, avant de renoncer au Horn et de remonter vers la Polynésie. Les conditions sont rudes et le yoga l'aide à tenir. Après avoir planté quatre fois les mâts dans l'eau, il pulvérise le record de la plus longue traversée en solitaire sans escale, en parcourant un tour du monde et demi en dix mois. Deux ans plus tard sort *La Longue Route*[4].

Humainement, Moitessier peut se montrer terriblement égoïste, comme il l'avouera lui-même : « Il n'y avait que *Joshua* et moi au monde, le reste n'existait pas, n'avait jamais existé. » En lui « gronde le rejet constant de la civilisation matérialiste de l'Occident, cette course constante au progrès », écrit Barrault. Il y a un côté Thoreau, chez Moitessier, mais sa cabane vogue sur les mers. Autodidacte, le marin-philosophe est nourri de sagesse asiatique et déplore la négation des valeurs spirituelles en Occident. Il recherche la vérité, la communion ultime avec l'univers, « l'Alliance ». Chez lui, l'idéalisme vire souvent à l'utopie. Désireux de contribuer à sauver le monde, il cède les droits d'auteur de *La Longue Route* au pape. Il a des visions écologiques, menant croisade pour la plantation d'arbres fruitiers dans les villes ou la désescalade nucléaire. Avec Hélène (Ileana) Draghici, rencontrée à Tahiti et avec qui il a eu un enfant, Stephan, il tente une expérience autarcique sur l'atoll polynésien d'Ahé. Il ambitionne de l'amener à l'autosuffisance alimentaire, mais

---

4. Bernard MOITESSIER, *La Longue Route*, Paulsen, 2024.

la population ne suit guère. Encore un rêve déçu. Comme finira par le décevoir le mode de vie « hippie » de Tahiti par son manque d'énergie et de vitalité intellectuelle. Il veut rompre avec cette existence émolliente pour écrire un livre fort, et cingle vers la Californie. Il l'écrira finalement aux portes de Paris, à Vanves, chez Véronique, qui sera sa compagne jusqu'à sa mort.

Sur un mode différent de Tabarly, Moitessier a inspiré toute une génération de navigateurs. Au-delà, il est un guide pour ceux qui recherchent la connexion avec la nature et la sobriété de vie. Un cancer – « la bête », comme il l'appelait – l'emporte en 1994. L'homme est apaisé. « On ne se trompe jamais en pardonnant », disait-il. *Tamata et l'Alliance*[5] est paru l'année précédente et a connu le succès. Quand on enterre le marin dans le cimetière de Bono, sur le golfe du Morbihan, *Joshua* – classé monument historique et visible au musée maritime de La Rochelle – est au large pour lui rendre hommage. Sur la stèle d'inspiration tahitienne, deux mots simples sont écrits : « Salut et Fraternité ».

---

5. Bernard Moitessier, *Tamata et l'Alliance. Mémoires*, J'ai lu, 1999.

## Ann Davison et Nicolette Milnes Walker, pionnières de la navigation solitaire au féminin

Quand elle embouque la rivière Hudson pour aller s'amarrer sur un quai de New York, par un matin froid de novembre 1953, Ann Davison peut savourer une revanche sur la vie. La mer avait fait son malheur, elle l'a défiée, apprivoisée à défaut de la dompter. En devenant la première femme à traverser l'Atlantique en solitaire, la Britannique entre dans l'histoire de la voile. Elle ouvre la voie à d'autres pionnières qui, armées de plus de volonté que d'expérience, vont défier la haute mer avec des bateaux qui feraient sourire ou trembler aujourd'hui.

Tout aurait dû détourner Ann Davison des routes maritimes. Trois ans auparavant, la mer lui a tout pris : son mari, son bateau et ses rêves. Elle a même failli lui voler sa vie. Ann et Frank Davison voulaient cingler vers une nouvelle existence, dans les Caraïbes. Au printemps 1949, ils quittent Fleetwood, dans le nord de l'Angleterre, à destination de Cuba. Très vite, ils rencontrent du mauvais temps et le couple n'est pas assez expérimenté pour naviguer dans de telles conditions. Le bateau, un ketch autrefois dédié à la pêche, est mal préparé, l'appareillage s'étant fait en urgence pour éviter que le voilier ne soit saisi en raison de difficultés financières…

Dix-neuf jours plus tard, c'est le drame. Moteur en panne et voiles en lambeaux, *Reliance* est drossé sur les rochers de Portland Bill, dans le sud de l'Angleterre. Le couple monte à bord d'un radeau de survie, mais est projeté dans l'eau. Frank meurt, mais Ann parvient à gagner le rivage et à escalader la falaise. La jeune femme doit faire face, vivre, seule désormais. Elle comprend vite qu'elle n'avancera pas en tournant le dos à l'océan. Au contraire, la nécessité d'exorciser sa crainte de la mer lui apparaît vitale pour trouver un nouveau chemin de vie. Et cette rédemption passera par une traversée de l'Atlantique en solo. « Si je pouvais naviguer seule à travers l'océan, cela signifierait que je suis sur le bon chemin pour apprendre à vivre », écrira-t-elle dans le récit de son voyage.

La jeune femme – née Margaret Ann Longstaffe – a un profil aventureux. En 1935, elle est l'une des premières femmes à obtenir le brevet de pilote de ligne au Royaume-Uni, avant de finalement partir faire de la culture dans une ferme des îles perdues d'Écosse. Après la disparition de son mari, Ann travaille dans un chantier naval de la côte sud de l'Angleterre, vivant à bord d'un voilier en piteux état. Son mari lui a inculqué des notions de navigation, mais elle se sent bien novice. Elle se forme alors auprès d'un officier de Marine, ancien instructeur dans la Royal Navy. Il lui apprend la manœuvre, le calcul des marées, et même à se servir d'un sextant.

Le titre de son livre, *My ship is so small*[6], n'a rien de surfait. Avec l'argent gagné par de précédents ouvrages – notamment celui sur son tragique voyage –, Ann a acheté un petit sloop de 23 pieds (7 m) qu'elle baptise *Felicity Ann*. Elle l'a trouvé bien frêle pour affronter la rudesse du large, mais le prix lui convient et elle a ressenti tout de suite une « connexion » avec ce bateau. Le fondateur de l'Ocean Cruising Club, Humphrey Barton, se penche sur le projet et suggère des modifications en vue d'une traversée de l'Atlantique. Le mât et la bôme sont réduits afin de porter un plan de voilure plus petit, le roof est renforcé et le cockpit protégé. La presse a vent du défi et Ann signe des contrats avec le magazine *Life* et le *Sunday Chronicle*.

*Felicity Ann* appareille de Plymouth le 18 mai 1952. Le voyage dure dix-huit mois. Ann, qui vient d'avoir 40 ans, veut d'abord gagner Madère avant de traverser jusqu'à Antigua. Elle se sent vite « très seule et effrayée ». Dans sa route vers le sud, elle doit rapidement faire une première escale, gagnant Douarnenez à la remorque d'un chalutier français, les fonds gorgés d'eau avec des pompes de cale en panne… L'apprentie navigatrice change ses plans. Au lieu de viser directement Madère, elle va descendre le

---

6. Ann Davison, *My ship is so small*, Peter Davies, 1956.

long des côtes ibériques et marocaines – relâchant à Vigo, Gibraltar et Casablanca – avant de gagner les Canaries.

Elle s'élance pour la grande traversée le 20 novembre. La météo contrastée, passant du calme plat à des vents de force 8, l'éprouve. Le petit voilier est couché sur l'eau à plusieurs reprises. Elle s'accroche, inquiète d'une navigation imprécise. Alors qu'elle pense atterrir à la Grenade, c'est finalement Sainte-Lucie qui s'offre à sa proue. Elle s'endort et touche terre dans la baie du Prince-Rupert, à la Dominique. La première femme à avoir traversé l'Atlantique en solitaire aura mis 65 jours. Mais Davison estime qu'« aucun voyage à travers l'Atlantique n'est terminé tant que vous n'avez pas atteint l'Amérique ». Après avoir passé un mois dans les îles, elle met le cap sur le continent et arrive à Miami, où elle est accueillie triomphalement. Elle gagne ensuite New York par les canaux et les rivières de l'Intracoastal Waterway (ICW). « Il a fallu que je parcoure des milliers de kilomètres d'océan pour découvrir que le courage est la clé de la vie », conclura-t-elle sobrement.

Vingt ans plus tard, une autre Britannique prend le relais sur l'Atlantique. À l'orée de l'année 1971, Nicolette Milnes Walker déambule dans les allées du Salon nautique international d'Earls Court, à Londres. La profusion de bateaux et d'équipements proposés par une plaisance qui a beaucoup évolué la fascine. Elle fait moisson de catalogues et s'amuse à recenser ce qui serait nécessaire à une traversée océanique en solitaire. L'année précédente, elle a navigué jusqu'aux

Açores avec des amis. La jeune femme de 28 ans commence à se prendre au jeu.

Nicolette n'est guère expérimentée. Elle sait manœuvrer un petit dériveur, mais c'est autre chose de barrer un croiseur au large. Qu'importe, elle est persuadée que les femmes ont des ressources de volonté et de résistance particulières. « Je ne trouvais aucune raison de ne pas y aller. Alors j'ai décidé d'y aller », a-t-elle raconté. Elle démissionne de son travail et emprunte de quoi acheter un bateau. Son choix se porte sur *Aziz*, un voilier de 39 pieds (12 m) construit en 1963, pas des plus faciles à manier en solitaire avec une stabilité de route toute relative. Elle bénéficie toutefois d'une innovation essentielle pour les navigateurs solitaires, un régulateur d'allure à servo-pendule.

Nicolette Milnes Walker se prépare dans le Pembrokeshire, à la pointe du pays de Galles, et s'élance de Milford Haven. L'ancienne psychologue d'entreprise s'intéresse à ses réactions face à la solitude marine et enregistre ses impressions quotidiennement sur un magnétophone. Jeune, bonne vivante, elle s'habille et se parfume certains jours de fête où elle boit du cognac, qui lui sert aussi à réparer sa boussole. Des photos la montrent en petite robe, comme si elle allait boire un thé à Covent Garden. À d'autres moments, elle traverse des crises d'angoisse et de détresse.

La jeune navigatrice met 44 jours à franchir l'océan. Elle devient la première femme à traverser l'Atlantique en solitaire et sans escale. Quand elle arrive à Newport, dans le Rhode Island, elle troque son pantalon de mer pour une minijupe et se lance dans la fête. Nicolette est saluée par les grands médias, célébrée comme une des femmes de l'année. Elle écrit un récit, *When I put out to sea*[7] (Quand j'ai pris la mer). Mais ce tourbillon de célébrité la lasse vite et elle regagne l'ombre. Elle rejoint des eaux plus calmes en tenant avec son mari une librairie dans le port de Dartmouth et en donnant vie à deux adorables jumelles. Elle ne fera jamais étalage de son exploit.

Pour une édition récente de son livre, Nicolette Milnes Walker a rédigé une postface où elle dit combien elle est désormais différente de la jeune femme qui s'était lancé ce défi. « Mais je me souviens d'elle et je sais que son expérience m'a donné la confiance nécessaire pour accepter qui je suis et me réjouir de la vie que j'ai, dit-elle. Cela me semble être un accomplissement presque aussi important que de traverser l'Atlantique à la voile. »

Deux décennies plus tard, ce sont des Françaises qui sont à la barre de la voile au féminin. Et il semble que l'âge de 34 ans soit le seuil des rêves. Isabelle Autissier sort de « l'Agro », mais a la mer dans la tête. La jeune femme se construit un bateau, rêve de l'immensité océanique, du Horn, des mers du Sud. Elle court ses premières épreuves, Solitaire du *Figaro*, Mini-Transat. Et puis vient cette folle aventure du BOC Challenge de 1991. Elle a 34 ans et se

---

7. Nicolette Milnes Walker, *When I put out to sea*, Stein and Day, 1972.

demande si ce n'est pas folie de se lancer dans cette rude course réservée jusque-là aux hommes. Mais la réponse s'impose : « Je m'en voudrais toute ma vie de ne pas avoir essayé », confiera celle qui ne voulait pas renoncer à ses rêves de petite fille. À Newport, elle arrive septième, devenant la première femme à boucler un tour du monde à la voile avec escale. Quand elle voit la côte américaine se profiler devant son étrave, la future écrivaine sait qu'elle a acquis une force qui la portera toute sa vie.

Cinq ans plus tard, Autissier prend le départ du Vendée Globe. Hors classement pour cause d'un arrêt forcé au Cap afin de réparer un safran, elle termine toutefois la course en deuxième position, à seulement quatre jours du vainqueur. Au cours de cette édition musclée et tragique, elle s'est détournée en pleine tempête pour tenter de retrouver et sauver Gerry Roufs, dont la balise à cesser d'émettre. En vain, malheureusement. En 1999, c'est Isabelle qui est à son tour en détresse dans la course Around Alone. Naufragée sur son bateau retourné, elle est sauvée par le skipper Giovanni Soldini.

Dans cette même édition du Vendée Globe 1996-1997, une autre femme est engagée. Catherine Chabaud a 34 ans, elle aussi, quand elle décide de se lancer autour du monde. Dans une vidéo de l'INA, elle apparaît si émouvante, tout en humilité, mélange de fragilité et de volonté de fer. Lors de la première édition de cette course qui va devenir mythique, la journaliste assiste à l'arrivée victorieuse de Titouan Lamazou. « Je me dis : “Cette course, c'est la course ultime. Mais je ne serai jamais capable de la courir." » Mais, lors du deuxième « Vendée », en 1992, elle a un coup de cœur pour le bateau du vainqueur, Alain Gautier. Et elle bascule : « Je me dis : "Je serai au départ en 1996." »

Catherine Chabaud est bien sur la ligne et termine sixième de l'épreuve, devenant la première femme à boucler une course autour du monde en solitaire et sans escale. Quatre ans plus tard, elle est à nouveau de la compétition, mais doit abandonner après avoir démâté. « Quand c'est bon, c'est divinement bon. Le passage du cap Horn, l'arrivée, la descente de l'Atlantique Sud, la voie lactée tellement blanche, l'harmonie avec le bateau, confiera-t-elle. Et puis, ces moments où on se sent tellement, tellement petit, tellement loin, tellement fragile. » La peur est parfois son équipière, le stress incessant tout au moins. « Les émotions ressortent en permanence, c'est signe d'une telle intensité ! Mais qu'est-ce que je suis heureuse de l'avoir vécu ! » Elle aussi a puisé dans cette aventure la force de mener ses combats pour l'environnement et les océans.

La presse d'outre-Atlantique a fait grand cas de la performance de Cole Brauer. Dans le cadre de la course Global Solo Challenge, la jeune femme de 29 ans est devenue la première Américaine à faire le tour du monde en solitaire et sans escale. Un bel exploit qui mérite le respect. Mais accompli en… 2024.

## Tabarly, « l'idole des houles »

Au diable les anachronismes, Joseph Conrad devait avoir en tête Éric Tabarly quand il a brossé le portrait du commandant du *Nan Shan*, dans *Typhon*. Ses mots semblent faits pour le marin français. Le capitaine Mac Whirr était un homme de peu de phrases, écrit-il, pour qui « les faits parlent d'eux-mêmes avec une insurpassable précision ». Tabarly savait le prix des mots quand ils sont reliés à un acte essentiel. Et il préférait ne pas les gaspiller.

Pour dire les choses, le marin avait ses mains. Elles « racontaient tout ce que leur maître taisait, écrit Daniel Charles dans sa biographie[1]. Serrer la main d'Éric, c'était comprendre combien naviguer rembourse par les douleurs les dépassements de soi. » Il y avait ces doigts pliés par la maladie du cocher, témoignant de milliers d'heures de barre, ces paumes vallonnées de cals, entaillées de crevasses. Des souffrances faites chair. Tabarly semblait taillé dans le granit dont on fait les maisons et qui donne souvent sa couleur au ciel, du côté de l'Odet. Ces qualités physiques l'ont servi dans l'empoignade avec les éléments. Dur au mal,

---

1. Daniel Charles, *Tabarly*, Arthaud, 2000.

dur à l'effort, mais aussi dur à l'échec. Car Tabarly était avant tout un monstre de volonté. Tout devait plier, sauf le bois de ses rêves.

Cet homme qui parlait peu eut pourtant une vie de transmission. Non content d'avoir formé une génération entière de coureurs océaniques, il est celui qui a ouvert les Français au nautisme. L'« idole des houles », comme l'avait surnommé Olivier de Kersauson, a marqué profondément le rapport de notre pays à la mer. L'immense hommage – du jamais-vu pour un sportif – qui lui fut rendu à sa mort suffit à prendre la mesure de son legs. « La mort de Tabarly, le marin national », titrait *Le Figaro* ; la perte du « père d'une nouvelle nation océane », écrivait *Libération*. Tabarly fut un passeur, de la terre à la mer.

Forte et féconde, la vie d'Éric Tabarly devient tragiquement romanesque quand il périt sur le bateau même qui a scellé son amour de la mer, soixante ans plus tôt. Car si le garçonnet a tiré ses premiers bords sur *Annie*, le cotre familial de 9 m, c'est *Pen Duick* qui fut la révélation. Éric a sept ans quand son père déniche en 1938 une coque noire de 15 m dans une vasière du pays nantais. Les lignes sont pures et doivent cette grâce au crayon du grand architecte naval William Fife. *Pen Duick*, ces mots bretons qui signifient « mésange à tête noire », allaient devenir célèbres sur toutes les mers du monde. Une vocation est née, Éric a accepté l'appel.

Cette même année, Éric découvre la Bretagne quand *Pen Duick* vient s'ancrer à Bénodet. Là encore, c'est un coup de foudre et il trouvera son havre dans une anse de l'Odet, à Gouesnach. La guerre compromet la rénovation du bateau. En 1947, Guy Tabarly décide de vendre *Pen Duick*. « Son fils ne peut se faire à l'idée de voir partir le bateau de ses rêves, raconte Daniel Charles. Défiant l'autorité paternelle, l'adolescent passe après son père décourager les acheteurs potentiels. Colère du père, punitions… mais finalement *Pen Duick* n'est pas vendu. » Cela n'empêchera pas le père et le fils de naviguer si longtemps ensemble.

Éric s'éveille à la régate à Cowes, « la Mecque du yachting ». Dans le mythique Solent, ce bras de mer entre l'île de Wight et l'Angleterre, le jeune équipier observe, apprend, nourrit ses rêves de large et de victoires. Mais il lui faut un métier sur lequel s'appuyer. Il n'est guère scolaire et ne peut espérer intégrer l'École navale. « C'est une autre caractéristique de Tabarly : sa capacité à faire le gros dos, à s'adapter – juste ce qu'il faut et pas plus ! – aux situations ou conditions qui lui déplaisent », note Daniel Charles. Après avoir essayé la pêche, il choisit la Marine nationale. Fin 1952, il entre dans l'Aéronavale. Puis, alors que Diên Biên Phu est déjà tombé, il part pour l'Indochine. L'officier dont il était le copilote confiera : « Il faisait bien son boulot, mais il faisait cela comme un boulot. Ce n'était pas un fana de l'aviation. Sa passion, c'était le bateau. » Les jours qu'il arrive à voler à la guerre, Éric s'échappe sur de petits voiliers, non loin de Saigon. Rentré en Métropole, il réussit le concours d'officier. « Il aimait la France, il aimait la mer, il aimait ce lien qu'était le bateau entre la France, la mer et les hommes », dira son épouse Jacqueline – rencontrée en 1976 – lors d'un hommage rendu à Éric à l'École navale dans la rade de Brest, le 21 juin 1998. Cette femme forte et modeste n'avait accepté de prendre la parole que parce qu'elle sentait le disparu « la pousser aux épaules ».

Mais c'est la course dont rêve l'officier. Il peut s'y consacrer pleinement quand la Marine lui accorde un détachement, en 1964. Éric a des atouts. « C'est un manœuvrier hors pair, l'un des meilleurs parmi les rares équipiers français, avec un coup d'œil, une coordination de mouvements et un sens de l'équilibre peu communs », écrit Daniel Charles. Son parcours de marin de guerre et de pilote lui a aussi apporté des connaissances en météo, en aérodynamique et en navigation qui dépassent celles de la plupart des coureurs. Il ne manque plus qu'un bon bateau. Certes, il y a *Pen Duick*, que son père a fini par lui céder. Avec sa solde, Éric entreprend sa rénovation. Tous les loisirs de ce moine-marin se passent à poncer, enduire, poncer de nouveau la coque refaite en polyester… Entre 1959 et 1962, Éric engage son voilier dans les courses anglaises du RORC (Royal Ocean Racing Club). Mais c'est la Transat qui le fait rêver. Pour gagner, il lui faut un bateau avec un handicap moins pénalisant. Et des capacités physiques lui permettent de maîtriser des coques plus longues et plus toilées.

Une fois de plus, Tabarly jette toute son énergie dans la bataille, dévoilant au passage un autre versant de sa personnalité, selon Daniel Charles : « Celui d'un faux naïf ou d'un vrai retors, prêt à tout pour réussir, dédaignant les orteils qu'il pourrait écraser au passage. La fin justifie les moyens. » Comme cela arrivera souvent, il fait appel à la générosité de fournisseurs pour équiper son nouveau ketch de 13,60 m. L'ancien pilote a imaginé un astrodôme de bombardier pour surveiller de l'intérieur la marche du bateau et une selle de Harley-Davidson permet de se tenir devant la table à carte malgré les coups de boutoir. Le 18 juin 1964, Tabarly gagne la Transat anglaise devant Francis Chichester, le vainqueur de la précédente édition de 1960, arrivé trois jours après lui. Le général de Gaulle le fait chevalier de la Légion d'honneur. Une légende est née. Son livre, *Victoire en solitaire*[2], sorti fin 1964, connaît un grand succès.

Les courses et les bateaux se succèdent. Avec *Pen Duick III*, Tabarly remporte la Sydney Hobart en 1967. Mais l'année précédente, le marin a eu la révélation du multicoque et fait construire *Pen Duick IV* pour la Transat 1968, où il devra pourtant abandonner. Pour la Transpacifique, il fait construire *Pen Duick V*, un monocoque taillé pour le portant qui annonce les 60 pieds IMOCA du Vendée Globe. En 1976, il gagne de nouveau la Transat, à bord de *Pen Duick VI*, un ketch de 22 m conçu pour être manœuvré par une quinzaine d'équipiers. « Il y en a combien d'arrivés ? », demande-t-il aux journalistes venus à sa rencontre en zodiac à Newport.

---

2. Éric TABARLY, *Victoire en solitaire*, Atlantique, 1964.

Quand ils lui annoncent qu'il est le premier, il se contente de dire : « Je suis bien content… » Ce doublé lui vaut une descente triomphale des Champs-Élysées.

Il y aura encore d'autres bateaux. Le marin rustique croit aussi à la technique et à l'innovation. Ce sera l'hydroptère, un prototype expérimental, et surtout *Paul Ricard*, un trimaran équipé de foils à l'allure futuriste. Avec ce bateau, il ne gagnera pas la Transat en double de 1979, mais pulvérisera, en 1980, le record de traversée de l'Atlantique Nord, détenu depuis 1905 par Charlie Barr.

Tabarly va continuer à naviguer, mais les bateaux changent et la nouvelle génération monte, pour beaucoup d'anciens équipiers. Alain Colas, Olivier de Kersauson, Gérard Petitpas, Marc Pajot, Philippe Poupon, Éric Loizeau, Titouan Lamazou, Yves Parlier, Michel Desjoyeaux, Jean Le Cam… La liste des marins de talent formés à l'école Tabarly est longue. Sa mine taciturne ne doit pas tromper, il était un meneur d'hommes exceptionnel, capable de fédérer une bande turbulente d'« artistes des vagues ». Il ne se fâchait guère, savait donner confiance et le « taiseux » aimait les longues palabres autour de sa fameuse omelette au rhum. Ce qui est humain en mer ne lui était pas étranger. « Naviguer est une activité qui ne convient pas aux imposteurs, aimait-il dire. Dans bien des professions, on peut faire illusion et bluffer en toute impunité. En bateau, on sait ou on ne sait pas. Malheur aux tricheurs. L'océan est sans pitié. »

À l'arrivée d'une course, Francis Joyon a eu un jour ces mots magnifiques : « La mer m'a laissé passer. » Le 13 juin 1998, elle ne laisse pas passer Tabarly. Dans la nuit, il disparaît en mer d'Irlande alors qu'il convoyait son cher *Pen Duick* – qui fêtait ses 100 ans – en Écosse, pour un rassemblement de plans Fife. Ne portant pas de harnais comme à son habitude, il a été projeté à la mer par un espar au cours d'une manœuvre de réduction de voilure. Son corps est repêché un mois plus tard. Les bottes qu'il porte encore montrent qu'il n'a pas tenté de nager et qu'il a sans doute été assommé.

Tabarly restait lucide sur son héritage. Il savait les limites des professions d'amour pour l'océan. « La mer, pour les Français, c'est ce qu'ils ont dans le dos lorsqu'ils regardent la plage », disait-il, un brin caustique. Il aura quand même beaucoup aidé à les faire se retourner.

# Florence Arthaud, fille du large et de la liberté

Les accidents, souvent, font trébucher une vie. Ils peuvent aussi la faire joliment bifurquer, lui donner un vif élan. La destinée de Florence Arthaud aurait pu s'arrêter dans un fracas de tôles, tôt, très tôt, à l'âge de 17 ans. Après avoir emprunté la BMW familiale avec son amoureux, la turbulente jeune fille qui se destine à être médecin fait sept tonneaux. Elle est grièvement blessée, d'abord dans le coma, puis en partie paralysée. On lui prédit de lourdes séquelles à vie. Elle sera championne sur l'océan.

À quoi pensait la jeune fille sous les bandages, lardée de broches et de sutures dans son lit d'hôpital, dans la brume des antalgiques ? Ou plus tard durant les longs mois de rééducation ? « À la mer. C'est la mer et la voile qui l'ont réparée », écrit Yann Queffélec qui voit dans ce coup du sort un moment fondateur. De cette épreuve restera la nécessité du dépassement, « la fureur de vivre, l'amour, la vitesse envisagée comme une solution magicienne au temps qui passe, égrenant béatement son absurdité », estime celui qui a consacré un livre à la navigatrice[1].

---

1. Yann Queffélec, *La Mer et au-delà*, Calmann-Lévy, 2020.

Au sortir de cette épreuve, le destin frappe à la porte de Florence alors qu'elle est aux États-Unis. « J'étais jeune. J'étais jolie. J'avais dix-huit ans, l'âge où l'on veut conquérir le monde, où l'on part sans hésiter à la poursuite de ses rêves », a-t-elle raconté. Sur les quais de Newport, un homme la regarde droit dans les yeux et lui sourit en lançant : « Mademoiselle, voulez-vous traverser l'Atlantique avec moi ? » Il s'agit du navigateur Jean-Claude Parisis. Il sera à la fois son premier grand amour et celui qui va changer sa vie : « Durant cette traversée de l'Atlantique, j'allais trouver mon paradis, mon univers : la mer. »

Les éléments naturels et la philosophie du dépassement ont baigné la jeunesse de la future navigatrice. Florence naît en 1957 dans une famille d'éditeurs grenoblois, les Arthaud, qui après s'être spécialisés dans les livres de montagne ont gagné le large quand Jacques, son père, a pris la barre. Dans les années 1960, celui-ci crée la fameuse collection « Mer », inaugurée par le jeune Tabarly. Tous les grands navigateurs de l'époque y posent leur encre, de Bernard Moitessier à Antoine en passant par Loïck Peyron ou Isabelle Autissier. En 2009, Florence y publiera son autobiographie. Ces livres ont joué un rôle majeur dans l'éveil des Français aux charmes océaniques et suscité moult vocations. Dans l'hôtel particulier parisien, Florence voit toutes ces figures défiler. Au milieu de ce courant vif, difficile de s'imaginer une vie de notaire.

Florence tire ses premiers bords à Antibes, dont elle fréquente le club de voile avec ses frères. Après sa traversée initiatique de l'Atlantique, tout va très vite. Dès 1978, elle est au départ de la première édition de la Route du Rhum, quand la victoire du trimaran de Mike Birch sur le monocoque de Michel Malinovski – pour 98 secondes après 22 jours de course – fonde le mythe de cette épreuve transatlantique. Courant sur un monocoque de 12 m, la jeune Arthaud se classe onzième. Elle participe encore aux deux éditions suivantes, en 1982 et 1986. Lors de cette dernière course, elle se déroute pour porter assistance à Loïc Caradec, mais elle ne retrouve que son catamaran retourné. Un moment rude.

En 1990, Florence Arthaud entre dans la légende. Quand elle prend le départ de sa quatrième Route du Rhum, personne ne parie sur ce bout de femme, avec son mètre soixante-quatre et ses 55 kilos. Personne, sauf ceux qui connaissent son caractère de feu et sa volonté. Sur *Pierre 1er*, son trimaran aux coques dorées, la course commence durement. « Quatre jours après le départ, j'étais en tête et deux jours plus tard, je ne recevais plus de nouvelles de personne, j'étais en panne de pilote automatique et j'avais des problèmes de santé, confiera-t-elle au *Figaro*. À cause d'une hémorragie, j'ai été complètement K.-O. pendant 72 heures. » En raison d'une hernie cervicale, elle doit aussi porter une minerve une partie du temps. « C'est la veille seulement de l'arrivée qu'un avion m'a appris que j'étais en tête, je n'y croyais pas. C'était un joli pied de nez à tous ceux qui doutaient de moi. Pas mal de choses ont évolué après et notamment le regard des autres. » Après 14 jours, 10 heures et 10 minutes de combat, c'est le triomphe à Pointe-à-Pitre. La même année, la jeune femme de 33 ans pulvérise le record de traversée de l'Atlantique Nord en solitaire d'ouest en est, entre New York et le cap Lizard en Angleterre. La presse l'appelle désormais « la petite fiancée de l'Atlantique ».

Malgré cette notoriété, ses ambitions de nouveaux exploits sur de grands trimarans sont contrariées. Florence rêve notamment de s'attaquer au Trophée Jules Verne et au record du tour du monde en solitaire, mais la chasse aux sponsors est compliquée. La navigatrice se rabat alors sur des courses en duo et en équipage. En 1997, elle remporte ainsi la Transpacifique avec Bruno Peyron. Elle dispute aussi la Solitaire du *Figaro* ou la Transat Jacques Vabre avec Philippe Poupon. Et court la Transat AG2R en double avec Jean Le Cam. En 2004, c'est avec Lionel Péan qu'elle participe à la Transat en double Lorient-Saint-Barth'. En 2010, c'est la cassure. Florence rêve de disputer une nouvelle course du Rhum, pour le vingtième anniversaire de son éclatante victoire. Mais elle ne trouve pas de sponsor. Amère, elle décide de tourner la page.

L'année suivante, pour la deuxième fois, la mort ne veut pas d'elle. Alors qu'elle navigue seule de nuit au large du Cap Corse, sur le voilier familial de 10 m, l'*Argade II*, Florence tombe à la mer. Elle voit son bateau s'éloigner avec son chat seul à bord, se dit que c'est la fin, le bout du grand voyage. « Je suis absolument seule. Isolée dans l'immense masse sombre et mouvante de la mer. Dans quelques instants, la mer, ma raison de vivre, va devenir mon tombeau. Effacer toute trace de mon existence », a-t-elle raconté. Elle pense à sa fille Marie. « Au silence du grand large, au silence de la nuit, vient se joindre, effrayant, insupportable, cauchemardesque, ce silence de l'effroi. [...] Je vais donc rejoindre le ciel. Ce ciel peuplé de milliard d'étoiles, de galaxies inconnues, d'amour, de bonheur et d'éternité. » Un téléphone portable étanche récemment acheté lui sauve la vie. Elle appelle sa mère, qui donne l'alerte. Les secours la géolocalisent rapidement grâce au téléphone et sa lampe frontale encore allumée aide à la repérer en phase finale, un peu plus d'une heure après son appel. Celle qui a connu tant de tempêtes et de frayeurs confiera que l'épisode aura été sa « plus grande peur ».

En posant son sac à terre, Florence Arthaud ne pouvait rester loin de la mer. Elle s'installe près de Marseille et ouvre une galerie d'art à La Madrague, baptisée Flow. « J'ai une petite vie tranquille, confiait alors la baroudeuse à Martin Couturié dans *Le Figaro*, ici les gens sont accueillants, drôles et ouverts. La culture est cosmopolite et diversifiée. Je suis d'origine méditerranéenne, j'ai appris à naviguer sur la grande bleue. » Avant d'ajouter, pour une fois sereine et apaisée : « La mer, c'est tout simplement le plus beau décor du monde. J'ai besoin de beau, sinon je suis malheureuse... »

En mars 2015, la mort a le dernier mot. Florence participe au tournage de « Dropped », une émission de téléréalité mettant à l'épreuve les capacités de survie de sportifs célèbres. Deux hélicoptères entrent en collision, la navigatrice de

57 ans meurt ainsi que neuf autres personnes, dont la nageuse Camille Muffat et le boxeur Alexis Vastine.

De ce destin foudroyé, personne ne peut prétendre avoir toutes les clés. Mais tous les proches de Florence Arthaud, ceux qui ont navigué avec elle, ceux contre lesquels elle a concouru, décrivent une vie toute en ombres et lumières, une existence tissée de fougue et d'excès. Cette énergie débridée lui a permis de faire sa place dans un monde d'hommes qui gardaient jalousement la mer pour eux. Elle en admirait certains, comme Tabarly, Linski ou Moitessier, en a même aimé d'autres. Pour les navigatrices de haute mer, elle a ouvert une voie. Mais elle a aussi payé sa boulimie de vie et ses outrances, s'abîmant elle-même, effrayant ses sponsors qui la jugeaient incontrôlable. Florence était dans l'excès de tout, écrit encore Queffélec qui l'a connue flamboyante, mais se souvient aussi l'avoir vue « la face livide raturée par les accidents de la vie qui s'acharnent sur elle depuis si longtemps. Trop d'alcool, de clopes, de rendez-vous manqués avec l'amour et l'argent. » La navigatrice s'est brûlée à la vie et aux feux de la notoriété. Pourtant, cette femme sans limites pouvait aussi « aimer le silence de la mer et celui du vent dans les voiles ».

Avant de trouver la mort en Argentine, la navigatrice s'était confiée dans un livre émouvant. Le titre, *Cette nuit, la mer est noire*[2], renvoie à ce moment où elle a failli disparaître

2. Florence ARTHAUD, *Cette nuit, la mer est noire*, Arthaud, 2015.

en Méditerranée. « J'ai mené une existence bien remplie, un peu tumultueuse, c'est vrai. Aucun homme ne m'a comblée autant que l'océan ; c'est la mer qui me fait vibrer, l'océan m'emporte. La vie de couple ne m'a jamais fait rêver. J'aime trop ma liberté ! » y écrit-elle. Ces pages révèlent une femme sensible, derrière la gouaille et les outrances. Florence parle du suicide de son frère aîné, Jean-Marie, « le soleil de son enfance ». En 2002, celui-ci se tue d'une balle de revolver dans le voilier familial mouillé dans une calanque. Sa douleur est insondable. « Longtemps j'ai refusé de parler à nouveau de cette épreuve. [...] Pendant des années, le seul fait d'avoir à prononcer son nom me nouait la gorge. » Elle dit aussi sa soif inextinguible de vivre. « Je suis une femme passionnément amoureuse de la vie. Amoureuse de la création. Amoureuse des êtres. L'amour a toujours été mon commencement et ma fin. » La disparition de ses amis au fil des années lui laisse un goût de sel dans la bouche : « En mer, je sens l'esprit de mes amis disparus planer à la surface des eaux. »

Étonnamment, l'exploit de Florence Arthaud sur la Route du Rhum l'a fait entrer dans la légende pour l'éternité, mais n'a pas été le tremplin attendu pour une grande « carrière » océanique. L'essentiel était peut-être ailleurs, dans cette vie embrassée goulûment et cet amour jamais renié de la mer. « La mer, on ne se rend pas compte, c'est trop fort, alors on se tait », a-t-elle dit un jour. Florence Arthaud s'est tue trop tôt, mais sa voix porte encore, inspirant tant de femmes et de rêves.

# Embarqué

## La mission « Jeanne d'Arc », à l'école de la mer et de la guerre

D'un cours dense, mais tranquille, fait d'instructions et d'exercices, la mission a soudain basculé dans l'opérationnel. Le PHA *Tonnerre*, qui accueille l'école d'application des jeunes officiers de Marine, est au milieu de l'Atlantique, entre les îles du Cap-Vert et Cayenne, quand les messages tombent en rafale. En Haïti, la violence des gangs armés a encore franchi un cran. Une bonne partie de la capitale Port-au-Prince est tenue par le sinistre « Barbecue », qui a gagné ce surnom pour ses victimes brûlées vives. Il faut se préparer à récupérer nos ressortissants dont la vie est menacée. Le monde réel fait irruption plus tôt que prévu dans la vie de tous ces jeunes élèves-officiers encore en formation.

Accompagné de sa « conserve », la frégate *Guépratte*, le *Tonnerre* se déroute et met le cap sur Fort-de-France. Là, le bâtiment embarque des hélicoptères de transport, des soldats de l'infanterie de marine et un contingent de Forces spéciales. Comme souvent pour des opérations amphibies, une répétition est jouée à Marie-Galante. L'ordre d'intervention tombe. Un pont aérien héliporté est organisé.

Les extractions ont lieu d'abord de jour, mais les hélicoptères sont la cible de tirs, un appareil recevant même des balles dans la carlingue. Les opérations suivantes se font de nuit. D'autres Français résidant aux Cayes sont pris en charge par une barge amphibie.

En peu de temps, 243 personnes – dont 170 Français – sont ainsi évacuées. À bord, tout le monde se mobilise pour réconforter ceux qui laissent parfois toute une existence derrière eux. « Ce fut un moment très fort pour tous et en particulier nos jeunes, quand le soldat français peut montrer son cœur et ses qualités humaines, commente Adrien Schaar, commandant du *Tonnerre*, et la mission était lancée, avec une tonalité opérationnelle. »

Les élèves-officiers ont juste eu un petit moment d'inquiétude, le temps passé pour cette opération pouvant compromettre le programme de leur navigation initiatique, le tour des Amériques. Parti de Toulon en février, le groupe-école ne doit retrouver son port d'attache que mi-juillet. Après cinq mois de mer, avec une série d'escales mythiques comme Valparaiso ou Carthagène, le passage du cap Horn et celui du canal de Panama, il est arrivé en France. Un long sillage, une promesse du large.

La « Jeanne » ne se fait plus sur la *Jeanne*, mais reste la « mission Jeanne ». Le mythique porte-hélicoptères, qui avait vu passer tant de générations d'officiers depuis le milieu des années 1960, a été désarmé en 2010. Depuis, l'école d'application des officiers de Marine (EAOM) se déroule sur ces PHA (porte-hélicoptères amphibie) de la classe Mistral, des bâtiments modernes permettant de mener des assauts en débarquant troupes et blindés. Même si la formule est contraignante en mobilisant de grosses unités de combat, la Marine a tenu à ce que les futurs officiers continuent à passer en mer du statut d'étudiant à celui de marin. Pour se forger le caractère en même temps que s'instruire. Et mettre en application la fameuse devise : « Loin, longtemps, en équipage ».

Adrien Schaar en est persuadé, il y a un « art d'aller en mer ». « Pour un marin, l'important est de maîtriser son milieu ou tout au moins de ne pas le subir », dit le pacha du *Tonnerre*. Cet ancien plongeur-démineur sait mieux que quiconque que la mer est un milieu vite hostile. « Si on fait bien les choses, on a une chance de survivre. En revanche, si on ne fait pas ce qu'il faut, on risque d'aller au fond de l'eau… » C'est ce rapport aux éléments, ce si précieux « sens marin », que le commandant veut d'abord inculquer aux élèves. « Pour être un combattant des mers, il faut avoir l'esprit marin, dit-il, prendre en compte l'environnement pour réussir au mieux la mission. » Sur ce registre, les meilleurs sont ainsi souvent ceux pour qui la mer est une passion presque charnelle, ceux qui naviguent à la voile, surfent ou plongent.

Sur un bâtiment moderne comme le *Tonnerre*, cette approche instinctive et sensorielle de la mer n'est pas aisée. À la passerelle, pas d'ailerons extérieurs sur lesquels on peut aller sentir le vent et scruter les trains de vagues. « C'est pour cela que je demande souvent aux élèves de s'affranchir des écrans, qui sont une vision atrophiée de leur environnement extérieur », dit Adrien Schaar, alors qu'au loin défile la côte chilienne. L'écran est un outil de synthèse, qui ne donne pas la houle.

Et quand il suit la piste d'un autre bateau, on ne comprend son intention qu'en décalé, alors qu'un coup d'œil dehors permet de la saisir. « L'œil reste l'outil le plus performant du marin, dit le pacha, la mer est un milieu très mouvant et se comporter en marin, c'est observer. Scruter le vent, les nuages, le courant sur les bouées d'un chenal. » Malgré les ordinateurs, on continue donc à utiliser la carte papier et à entretenir l'estime. On fait aussi des « points astro », en maniant le si poétique sextant. Au-delà de la dimension formatrice, tous ces fondamentaux pourraient s'avérer utiles en cas de moyens « dégradés » en temps de guerre, avec des GPS et autres moyens de communication brouillés.

Être un bon marin ne suffit pas, il faut ensuite être « un bon guerrier ». « J'essaye de leur communiquer un mélange de hargne de gagner et d'audace, dit Adrien Schaar, il faut avoir peur pour son bateau et ses hommes, pas pour sa carrière… » Le commandant du *Tonnerre* est persuadé qu'il faut parfois savoir sortir du cadre quand les enjeux le justifient. Et avoir un peu l'esprit corsaire pour faire de son navire une machine de guerre. Le troisième grand volet, c'est d'apprendre aux élèves-officiers à être des chefs. « Je leur conseille de se projeter tout le temps comme s'ils étaient le subordonné de leurs hommes pour mieux les commander, dit Schaar, et, surtout, de toujours consulter leurs adjoints. »

Les PHA offrent un avantage par rapport à l'ancienne *Jeanne d'Arc*. « Les élèves sont formés par un équipage de bâtiment de combat, pas d'un navire-école, ce qui permet d'aller plus loin dans la dimension opérationnelle et le niveau d'exigence, explique le capitaine de frégate Philippe Bastard, directeur de l'EAOM, cette formation en mer, qui soude aussi la promotion, est tout sauf un luxe ». Avant l'opération en Haïti, le *Tonnerre* avait d'ailleurs effectué la saisie d'une tonne de cocaïne sur un voilier brésilien au large du Cap-Vert. Les Britanniques, eux, dispersent leurs élèves sur divers bateaux. D'autres pays arment des voiliers-écoles qui amarinent, mais ne forment pas opérationnellement.

Plus gros navires en tonnage après le porte-avions *Charles de Gaulle* avec un déplacement de 21 500 tonnes, les PHA sont armés par un équipage de 177 hommes. Ils peuvent aussi accueillir un état-major embarqué et de 400 à 900 soldats, 60 véhicules blindés ou 13 chars et 16 hélicoptères, et des engins de débarquement. Ces capacités sont complétées par un hôpital de 69 lits, avec deux blocs opératoires.

Pour cette mission 2024, le *Tonnerre* accueille un Groupement tactique embarqué (GTE), constitué de deux pelotons du RICM (régiment d'infanterie chars de marine), une section du 2^e^ RIMa (régiment d'infanterie de marine), une section du 6^e^ RG (régiment de génie), une équipe d'observation d'artillerie du 11e RAMa (régiment d'artillerie de marine). Sont aussi à bord trois hélicoptères de la Marine et de l'Armée de terre avec leurs détachements. À chaque pays visité, ces troupes mènent des exercices avec les armées locales.

Pour cette campagne « américaine », le *Tonnerre* accueille 160 élèves et 35 instructeurs. Les journées se passent entre salles de cours et quarts en passerelle ou au CO (centre opérations). Les rêves prennent forme, des déceptions s'esquissent. Selon leur classement et leurs aptitudes, les élèves-officiers choisissent la voie qui fera leur vie militaire. « Pont » ou « machines », sous-mariniers, pilotes de l'aéronavale, plongeurs-démineurs, commandos, les spécialités sont aussi contrastées qu'un ciel du Grand Sud.

Si une majorité d'entre eux voient leurs aspirations satisfaites, il y a inévitablement des déçus. Un élève-officier qui rêvait de la passerelle, mais se voit affecté en « énergie » masque difficilement son désappointement. Ancien du collège naval de Brest, Gauthier Berthin se réjouit lui de cette spécialité « Nucléaire surface » qui va l'amener à servir sur le porte-avions. Il aime ce domaine plus discret, mais « sans lequel le bateau ne fonctionne pas » et dans lequel les officiers-mariniers (les sous-officiers) sont très formés.

Sur ces 160 élèves, 80 sont des « Bordaches », c'est-à-dire issus de l'École navale. L'autre gros contingent est celui des OSC (Officiers sous contrat), au nombre de 42. On trouve aussi des polytechniciens, 10 commissaires, 8 étrangers, des médecins et 12 futurs administrateurs des Affaires maritimes. Ces nouvelles générations sont-elles différentes des précédentes ? « Ce qui me frappe, c'est leur grande qualité, commente le commandant Bastard, ils sont très ouverts sur le monde, plus qu'on ne pouvait l'être. Ils ont aussi des préoccupations que nous n'avions pas, ils pensent déjà à une éventuelle reconversion ». Malgré ses spécificités, le monde militaire n'est pas isolé du monde civil où il y a plus de volatilité dans les carrières. « Certains se projettent moins dans une carrière longue, confirme le capitaine de corvette Philippe Coquin. Ils en parlent avec franchise, de manière décomplexée. Nous n'aurions pas osé… »

La filière des OSC offre cette souplesse, avec un premier contrat de huit ans qui peut être renouvelé. Elle devient d'ailleurs de plus en plus sélective, avec des jeunes très diplômés. Marie Lecadet a en poche un double diplôme de l'École centrale et de l'École navale. Énergique et déterminée, la jeune femme de 24 ans n'est pas là par hasard. « Dès mes premières années de collège, je voulais être officier de Marine, j'avais lu Jules Verne et mon imaginaire me portait vers l'océan, les stages de voile en Bretagne ont fait le reste », raconte-t-elle. Celle qui a choisi la spécialité LSM-Surface (lutte sous la mer au sein des forces de surface) ne sait pas encore si elle fera une carrière courte ou longue. Dans sa seule promotion à Centrale, pas moins de douze camarades étaient intéressés. Un ancien centralien, plus âgé et ayant travaillé un temps dans la finance à Londres, va aussi rejoindre les commandos. « Tous ces OSC viennent ici chercher du sens, commente le commandant Bastard, c'est une génération qui a fait ses études dans une époque marquée par les attentats et la guerre en Ukraine. »

L'époque est en effet particulière, les marins comme leurs camarades des autres armées sont entrés dans une autre ère. « La situation géopolitique atteint un niveau de volatilité et d'incertitude inédit », expliquait au magazine *Cols bleus* lors de sa prise de fonction le chef d'état-major de la Marine, l'amiral Nicolas Vaujour. Constatant un réarmement mondial sans précédent depuis la seconde guerre mondiale, il ajoutait : « Cela nous impose d'être prêts à des engagements plus durs et exigeants, qui pourraient s'imposer à nous sans préavis et de manière brutale. »

Son prédécesseur, l'amiral Pierre Vandier – nommé commandant suprême allié pour la transformation de l'Otan – n'avait lui aussi de cesse de préparer les esprits et les armes à des engagements de haute intensité. Devant les élèves de l'École navale, il s'était dit convaincu que la mer, lieu de démonstration de force aujourd'hui, serait un lieu d'affrontement demain.

# Avec les pêcheurs de Boulogne-sur-Mer

À cette heure, le vent est le seul passant sur les quais où luit l'humidité poisseuse d'une nuit de novembre. Il est minuit et demi quand les amarres retombent sur le pont du *Laurent Geoffrey*. L'hélice brasse l'eau noire, le bateau de pêche se détache et glisse entre les jetées de Boulogne-sur-Mer. Lumières blafardes, volets fermés, la ville dort, encore plus tôt que d'habitude en ces temps de pandémie. Laurent, Cyril, Jordan et Jean-Louis, eux, vont en mer. Une nuit sur l'eau, une de plus, une marée semblable à tant d'autres, rugueuse, éreintante, mais portée par la passion d'un métier et les liens humains qui soudent l'équipage.

La petite passerelle au confort sommaire est éclairée par les écrans du radar, de l'ordinateur de navigation et les lumières des instruments. Au-dessus de la timonerie, une photo de bébé et un crucifix. Encore engourdis par leur maigre bout de nuit, les hommes parlent peu. Le silence est troué par le chuintement de la radio VHF, avec parfois un appel, de cargo à cargo, de pêcheur à pêcheur ou du CROSS Gris-Nez, ce centre de surveillance et de sauvetage qui surveille le rail. Ici la Manche se resserre et les monstres océaniques suivent une voie montante ou descendante. Le *Laurent Geoffrey* qui fait route au 310, doit couper leurs trajectoires. Le patron du bateau, Laurent Merlin, a les yeux rivés sur le radar et sur le logiciel de navigation où le système AIS donne l'identification des cargos. Leurs feux de navigation se balancent au rythme de la houle léguée par le vent de la veille. Derrière les vitres où les essuie-glaces balaient les embruns, d'autres vies de marins défilent lentement dans le noir.

Le *Laurent Geoffrey* est un « fileyeur-caseyeur » de près de 12 m qui jauge 16 tonnes. Un bateau polyvalent d'où on lance les filets comme on relève les casiers. Les premiers pour la sole ou le bar, les seconds pour les crabes, les homards ou les bulots. « Mon père l'a fait construire en 1996, mais il n'a pas navigué dessus longtemps, car une crise cardiaque l'a obligé à arrêter. J'ai repris le flambeau », dit Laurent. À 14 ans, il a préparé son brevet de lieutenant de pêche, mais il ne l'a pas validé, ayant embarqué dès 16 ans sur le bateau familial. À l'âge de 74 ans, son père l'aide encore à ramender les filets tandis que sa sœur vend les poissons sur le quai.

Il faut une heure et demie pour gagner la zone de pêche et la « frontière » des mers anglaises. Soulevant une trappe, Jordan et Jean-Louis disparaissent pour se reposer un peu. Quatre bannettes dans un trou noir sans hublots, mais baigné d'une douce chaleur. Jordan est jeune tandis que Jean-Louis affiche une bonne cinquantaine. Matelot dans sa jeunesse, il a ensuite choisi la terre et ses usines avant de revenir à la pêche. « C'est dur, sourit Cyril, embarqué avec Laurent depuis treize ans, mais on aime ça et de toute manière on ne sait pas faire autre chose. »

Il est 2 h 30 du matin et l'on arrive à la bouée Colbart, une cardinale sud qui marque un long banc de sable. Le fond remonte, il n'y a plus que 6 ou 7 m d'eau sous la coque. C'est l'époque où le hareng passe devant Boulogne « avec au milieu les bars qui le chassent ». Deux filets de 1 500 m sont mis à l'eau. Puis le bateau met le cap vers les eaux anglaises pour aller relever les casiers. La lune s'est réfugiée derrière les nuages et Laurent balaie la mer avec un projecteur pour trouver les bidons qui marquent les emplacements. Le ballet commence, cinq ou six rudes heures à hisser puis remettre à l'eau 300 casiers pesant plus de 20 kg chacun. Le bateau roule, mais les gestes sont précis. « Cela reste dangereux, il faut que tout le monde soit bien calé et attentif, commente Laurent. Quand on balance les casiers, si quelqu'un a le pied dans une filière, c'est fini, il part à l'eau. »

À 8 heures, dans un matin laiteux, un café redonne de la force avant d'aller relever les filets posés dans la nuit. On comptera 170 bars. « Pas mal, commente Laurent, car par ici il y a de moins en moins de poissons. La morue a presque disparu et les soles se raréfient. » « On aime la pêche, on est nés dedans, lâche-t-il, mais c'est dur, de plus en plus dur. » Des bateaux comme le sien, il y en avait une soixantaine huit ans auparavant à Boulogne. Aujourd'hui, cette flotte a fondu de moitié. Le patron pêcheur a deux fils, de 19 ans et 10 ans. Le premier veut être coach sportif tandis que le second lorgne vers la mer. « J'essaie de ne pas trop l'emmener, car je ne veux pas qu'il y prenne trop goût et qu'il choisisse à son tour la pêche. » L'avenir lui paraît lourd de nuages. « S'il n'y a pas d'arrangements et qu'on ne peut plus aller dans les eaux anglaises, je ne sais pas comment on va faire. Ce sera une catastrophe. »

Plus qu'un enjeu économique, le sujet de la pêche est lourd en symboles de souveraineté et en charge politique. Concrètement, au-delà de la négociation annuelle sur la quantité de poissons qui peut être pêchée en Europe, Londres veut aussi décider chaque année quels bateaux pourront accéder à ses eaux.

Cette dernière disposition fait bondir les marins français – qu'ils soient nordistes, normands ou bretons – comme les pêcheurs néerlandais, belges, danois ou espagnols. « On ne peut accepter que les règles changent tout le temps et qu'une menace pèse chaque année sur les bateaux et donc la pérennité d'une entreprise, commente Pierre Karleskind, eurodéputé et président de la commission pêche du Parlement européen. Qui va investir, s'il ne sait pas s'il peut naviguer l'année d'après ? » Pour la pêche française, les enjeux sont importants. Le secteur représente 48 000 emplois, dont 18 000 pêcheurs, et la production française provient pour 20 % de la ZEE (Zone économique exclusive) britannique. Pour certaines régions, l'impact serait très lourd. Une fermeture de ces eaux toucherait 40 % des navires bretons, 30 % de ceux des Hauts-de-France et 20 % des bateaux normands.

Au bout de la pointe sud bretonne, à Saint-Guénolé, Jacques Pichon sait que, accord ou pas accord, il y aura un prix à payer. Le directeur général de l'armement La Houle s'alarme d'un changement brutal des règles. Quelque 46 % du chiffre d'affaires de sa flotte de 10 chalutiers de fond de 23 m sont réalisés dans les eaux britanniques, très poissonneuses, car fraîches et bordées par le plateau continental. Et même s'ils vont de plus en plus du côté ouest de l'Irlande, cette évolution commencée avant le Brexit a ses limites. En hiver, la navigation y est beaucoup plus dure qu'en mer Celtique (entre Irlande, Cornouailles anglaises et Bretagne). « Il faut des bateaux plus gros et il y a des contraintes techniques selon les espèces pêchées, explique-t-il, cela ne peut se faire à moins de dix ans. Il faut de la progressivité, sinon tout va exploser. Et de la visibilité. »

À un jet de grappin de là, au Guilvinec, Soazig Palmer-Le Gall pointe d'autres risques. À la tête de l'Armement bigouden, qui aligne 11 chalutiers du même type, elle ne dépend qu'à 15 ou 20 % des eaux britanniques, cependant elle s'inquiète d'un « effet domino ». « Si tous les bateaux, français et étrangers, qui pêchent dans les eaux britanniques se rabattent sur les mers françaises où on ne les attend pas, on risque de sérieuses frictions », dit celle qui est aussi la présidente de l'organisation des Pêcheurs de Bretagne. Comme Jacques Pichon, elle se désole de raccourcis politiques qui font injure à l'histoire, alors que les pêcheurs français fréquentent les eaux britanniques depuis un bon siècle.

L'UE devrait lâcher du lest sur la pêche et les Français vont devoir faire des concessions. Le tout est que le compromis ne vire pas à la capitulation. « On ne peut isoler le sujet de la pêche et le sacrifier pour obtenir d'autres choses, avertit Pierre Karleskind. La négociation est symétrique : nous voulons que nos bateaux aient accès aux eaux britanniques et Londres veut que ses entreprises aient accès au marché européen. Tout le monde a à y gagner… ou y perdre. » Le Royaume-Uni exporte les trois quarts de son poisson, et à 70 % à destination de l'UE.

« Les flottes de l'UE pêchent cinq fois plus dans les eaux britanniques que nos navires ne pêchent dans les eaux européennes. C'est très déséquilibré, dit le Britannique Barrie Deas, patron de la National Federation of Fishermen's Organisations. Nous devons redevenir un État côtier indépendant, avec la fin de l'accès automatique des bateaux européens aux eaux britanniques, une négociation annuelle de ces accès et une zone de 12 milles nautiques réservée exclusivement à nos pêcheurs côtiers. » Une main sur le joystick de la barre, Laurent Merlin montre le texto reçu la veille de Peter. « C'est un caseyeur, le seul Anglais à venir dans le coin, explique-t-il. On pêche côte à côte alors on s'est parlé pour bien cohabiter et on a sympathisé. » Peter assure que la plupart des pêcheurs britanniques pensent comme lui, qu'il faut partager la Manche et les prises. « On comprend ce que vous devez tous ressentir », dit-il au Français.

Il est 11 heures du matin et le *Laurent Geoffrey* embouque le chenal du port de Boulogne. Il défile devant un monument où des mains s'entrelacent devant des cartes de l'Angleterre et de la France. Baptisé Shake Hands, il a été élevé en 2004 pour le centenaire de l'Entente cordiale. Ici, on navigue et on pêche encore sous le signe de l'amitié.

# Avec Joseph Conrad, entre le large et l'exigu

Embrassé depuis la passerelle d'un bateau, l'horizon délivre son double message, tour à tour promesse d'infini et barré d'une ligne d'ombre. Les navires eux-mêmes sont ambigus. Ils sont le large et l'exigu, ils ouvrent sur l'immense et enferment à la fois. Ce sont des petits mondes qui parcourent le monde. Des hommes y voyagent sans faire beaucoup de pas. Ils peinent, rêvent ou s'affligent. Parfois, ils rencontrent l'épreuve.

Rien de grand chez le capitaine Mac Whirr ne le prédisposait à affronter la démesure. Au contraire, Conrad en fait, dès les premières lignes de *Typhon,* un portrait d'une magnifique cruauté. « L'aspect du capitaine Mac Whirr, pour autant qu'on en pouvait juger, faisait pendant exact à son esprit et n'offrait caractéristique bien marquée de bêtise, non plus que de fermeté ; il n'offrait caractéristique aucune. Mac Whirr paraissait quelconque, apathique et indifférent[1]. » Le bateau qu'il commande met pourtant le cap droit sur

1. Joseph CONRAD, *Typhon*, « Folio », Gallimard, 1973.

la tempête suprême, le typhon. Et c'est sur un être remarquablement quelconque que va reposer le sort de dizaines d'autres. S'avance un grand thème conradien : Comment l'homme commun se débat-il dans les grands événements ?

Mac Whirr est un marin sans songe, un nomade casanier. Il a beau relâcher dans des ports parfumés, il déteste descendre à terre. En mer, il ne cherche guère plus à rompre la monotonie d'une vie rythmée par les quarts. Il la cultive, même, réduisant son espace déjà contraint. Délaissant sa cabine et son carré, il vit sur la passerelle, dormant et mangeant dans la chambre de veille qui la jouxte. Mac Whirr glisse sur le monde comme d'autres glissent sur la vie, en surface. Pour lui, les événements de chaque jour ne méritent guère de commentaires et son imagination se cantonne à celle qui suffit pour le porter d'un jour à l'autre.

Avec un brin de provocation, Conrad avance que cette faculté peut à la fois sauver et perdre l'homme confiné. « C'est l'imagination qui nous rend susceptibles, arrogants et difficiles à contenter », écrit-il.

À bord du *Nan Shan*, nulle échappatoire. Le vapeur avance « pesamment, comme une bête épuisée qu'on pousse à la mort ». Quand se déchaînent et le vent et les flots, il n'y a plus qu'à faire face, « bout à la lame ». Le jour devient nuit. « On eût dit l'extinction de toutes les lumières voilées de ce monde. » Un double drame se joue, à la passerelle et dans les fonds du bateau. Tandis que le capitaine bataille avec les éléments, des dizaines de passagers chinois se débattent dans les ténèbres des cales. Ce sont deux cents coolies chinois qui retournent au pays après des années de labeur au Siam.

En haut, les paquets de mer s'abattent sur le pont comme des vagues d'assaut, disloquant les superstructures comme l'âme des hommes. L'ouragan s'en prend à chacun comme à son ennemi personnel, met en déroute sa vertu. Le premier lieutenant se fissure, fou de peur au point de devoir être assommé. Du fond de sa médiocrité, Mac Whirr tient le choc et la barre. Il rassure, même ceux qu'il ne fascinait guère, comme son second, le jeune Jukes. Par sa seule présence, il prend « le plus lourd de la tempête sur ses épaules ».

Dans l'épreuve, il faut toujours un guide, un appui, aussi épais soit-il. Et les beaux parleurs sont rarement ceux qui se comportent le mieux. Dans l'entrepont, un horrible magma d'hommes se fait rouler d'un bord à l'autre. Les coffres personnels des Chinois se sont disloqués, ballottés en tous sens par la tempête, ils s'entre-déchirent pour sauver leurs économies. La rage des hommes rejoint celle de la nature. Malgré le danger de l'émeute, Mac Whirr fait rétablir l'ordre et mettre en sécurité les coolies. Et il trouve une solution équitable pour partager entre eux l'argent dispersé. Car contre toute attente, le *Nan Shan* réchappe au typhon.

La puissance de la tempête secoue tout le livre. Pour autant, elle n'est pas le cœur du sujet, pas plus que la mer ou les bateaux. Conrad l'a expliqué lui-même dans les notes qui précèdent cette longue nouvelle dont Pierre Schoendoerffer rêvait de faire un film. « De même que dans la plupart de mes ouvrages, ce ne sont pas les événements eux-mêmes sur lesquels j'insiste, mais l'effet qu'ils font sur les personnages. » Ce qui importe, c'est la façon dont Mac Whirr va se comporter, au double défi de la survie du navire et du problème humain posé par les malheureux coolies. Pas de romantisme de l'action ici, nulle figure héroïque. Il s'agit juste de se tenir droit quand le destin cogne sur le corps et sur l'âme. Et éviter la faute – obsession de Conrad –, celle dont on ne se remet jamais, comme le personnage de lord Jim hanté par sa conscience.

C'est le grand malentendu qui entoure l'œuvre de Conrad. Ceux qui ne l'ont peu – ou pas – lu le rangent vite sur l'étagère des écrivains maritimes. Or, il a beau avoir navigué vingt ans avant de s'asseoir à sa table, Conrad a peu écrit sur la mer. Et quand il le fait, la mer n'est pas son sujet, pas plus que l'aventure dans les jungles d'Asie ou d'Afrique équatoriale. « Il ne traite pas de l'aventure, mais de l'homme plongé, prisonnier de ses aventures et de son noir destin », a ainsi expliqué Alain Dugrand, journaliste et écrivain, grand spécialiste conradien, « il est le contraire d'un écrivain d'aventure ». Ce ne sont pas les frondaisons exotiques qui intéressent l'écrivain, mais les tréfonds de la nature humaine. « Conrad est d'abord un aventurier du dedans », écrit Olivier Weber dans un bel essai littéraire. Il explore avant tout l'inquiétude, les coups de tabac de l'âme.

Qu'il s'agisse des grands arbres de Bornéo ou des coursives d'un cargo, Conrad aime les mondes clos où le temps est arrêté. Les situations où l'on ne peut compter que sur ses propres ressources, où n'existe nulle ligne de fuite. L'homme est condamné à « la descente en soi-même, cette région solitaire et de lutte ». La plongée n'est pas sans danger, la fouille intérieure pouvant sauver comme s'avérer mortelle. « D'une modernité inouïe, le monde selon Conrad ressemble à un navire dont l'âme vit de ces êtres qui foulent ses ponts, avec un "poids insupportable de regrets et d'espoirs" », écrit Olivier Weber.

L'œuvre de Conrad est sombre sans être noire. Certes, elle dit l'absurdité de la condition humaine sous « le mystère idiot du ciel ». L'existence est un combat. Et l'écrivain professe un profond pessimisme quant à la nature de l'homme, dont la perversité et la violence finissent toujours par le détruire. Mais la fraternité humaine sauve parfois des âmes corrompues. Pour Alain Dugrand, l'œuvre de Conrad « est d'une grande cruauté et d'une lucidité totale à l'égard de la médiocrité des hommes et en même temps d'une grande bonté à l'égard des humbles ». L'homme est un nœud de grandeurs et de misères. Dans son malheur, il peut recourir à la bénédiction des illusions et aux espoirs chimériques. La folie, parfois, est consolatrice.

À la lecture de *Typhon*, les questions se pressent comme les grains en mer. Qu'ira chercher l'épreuve au plus profond de nous ? Saurons-nous être exacts, au rendez-vous ? Dans sa lecture de *Lord Jim*, Alain Finkielkraut dit combien Jim se voit reprocher son effondrement moral par son contradicteur intime, le « copropriétaire de son âme ». Il « a sombré dans l'irréversible pour ne pas avoir su répondre à l'imprévisible ». Conscients de nos faiblesses, nous aimerions que l'on puisse dire de nous ce que Jukes écrit de Mac Whirr, une fois que le ciel s'éclaircira. Des mots sublimes qui sont la chute du livre : « Pour un homme si court, je trouve qu'il ne s'en est pas mal tiré. »

## Avec les gars bien de Loctudy

Quand il fonda la société des Hospitaliers sauveteurs bretons en 1873, Henri Nadault de Buffon entendait avant tout sauver des vies en mer. Mais ce magistrat rennais, arrière-petit-neveu du grand naturaliste, voyait aussi dans l'entreprise « une société de moralisation et d'encouragement au bien ». L'association publiait un périodique, *Les Annales du Bien*. C'est cette institution qui, en fusionnant en 1967 avec la Société centrale des naufragés, a donné naissance à la SNSM, l'actuelle Société nationale de sauvetage en mer. Ces coques que ceux qui vont en mer connaissent, ce bleu et cet orange, couleurs du Salut.

Les gars de Loctudy pourraient figurer dans ces *Annales du Bien*. Ils y auraient leur place, mais cela les gênerait, tant le courage leur paraît naturel et vertu ordinaire. Ici, en pays bigouden, on aime les choses simples. La nature, il est vrai, y porte. Le vent arase le superflu et souffle leurs phrases aux causeurs. Quelques kilomètres plus loin, il n'y a plus rien. Les rochers de Penmarc'h, l'Atlantique, l'Amérique. Dans ce menton de la Bretagne, on ne se paye pas de mots. Ni de primes ou de vacations, d'ailleurs. On sauve, humblement, gratuitement. Jean-René Le Quéau est le président de la station SNSM de Loctudy. Solide, barbu, bienveillant. « Franchement, rien d'extraordinaire derrière tout cela, dit-il, gêné qu'on s'intéresse à lui, on va en mer et on porte secours. De toute manière, c'est ce qu'on a toujours fait… »

Quand Jean-René dit « toujours », ce n'est pas une formule. Quarante-deux années à naviguer et chaluter. Il a pris la mer à l'âge de 14 ans, à la pêche. Le jeune garçon commence par des chalutiers côtiers. Puis vient le service militaire, dans la Royale. À Diégo-Suarez, la mythique baie de Madagascar, qui abritait une base française. Quand il en parle, on voit encore luire dans ses yeux des reflets émeraude… Au retour, il rembarque pour la grande pêche, sur chalutier hauturier. Ce sera l'Irlande, le plus souvent, la rude mer Celtique. À l'époque, il se passait rarement un hiver sans qu'un bateau du quartier du Guilvinec ne revienne pas. Là-bas, quand sur un autre navire un homme tombait à la mer, tout le monde portait assistance. Rien d'extraordinaire, non… Au café du Port, à droite du comptoir, près de la fenêtre qui ouvre sur le chenal, est accrochée la photo de son dernier bateau. *Kerbulic*, un fileyeur de 21 m, armé par 6 hommes. À l'époque, il y en avait trente-cinq de cette jauge, contre une dizaine seulement aujourd'hui. « J'ai arrêté la grande pêche en 2001, mais j'ai voulu quitter en douceur. Alors, j'ai pris un petit côtier de 7,50 m, pour quelques années. Maintenant, c'est fini », raconte-t-il.

C'est par une froide nuit de l'hiver 2002 que le patron-pêcheur est devenu sauveteur. « C'était un dimanche, le 6 janvier, un ami qui n'était pas rentré », raconte-t-il, la voix soudain embrumée. « Le soir, je suis passé sur le port et j'ai vu sa voiture, poursuit-il, alors, j'ai appelé le président de la station SNSM de l'époque. Il m'a dit : "Je fais sortir le bateau." Je les ai accompagnés, car je savais de quel côté il était allé. » Dans le nord des Glénan, cet archipel aux mille roches. « On a trouvé des bouées de marquage des filets, mais rien d'autre. » Nulle trace de *Diredig*, un petit fileyeur de 7 m. « On a fait tous les endroits où il aurait pu s'abriter, mais on a dû rentrer bredouilles, vers 3 heures du matin. On est repartis à 8 heures le lendemain. » Ils ont ainsi cherché quinze jours. En vain. Un bâtiment de la Marine nationale retrouvera l'épave, plus tard. Alourdi par trop de goémon, l'esquif aurait chaviré. Depuis, Jean-René n'a pas quitté la vedette des sauveteurs.

À Loctudy, la moitié des 24 « canotiers » de la SNSM viennent de la pêche. D'autres travaillent dans des entreprises du secteur maritime, ou viennent du monde de la plaisance. « Pour le moment, nous n'avons pas de crise des vocations, commente Jean-René, mais avec le secteur de la pêche qui décline, on risque de perdre un vivier de gens qui connaissent vraiment la mer. » Il y a des candidatures légères ou folkloriques, qu'il doit décourager. La tâche est rude. Entre l'alerte et l'appareillage, il ne se passe jamais plus de quinze minutes. « Il me faut six minutes pour faire le tour de tout le monde et rassembler au minimum 6 hommes, poursuit Jean-René, on est toujours partis dans le quart d'heure, de jour comme de nuit. Il ne faut pas habiter loin… »

C'est un tragique épisode qui a précipité la création d'une station à Loctudy. Le naufrage de l'*Étoile du Pôle*, sur la côte de Larvor. Le 23 mars 1958, à 2 heures du matin, un message de détresse est laissé par le chalutier, qui rentrait de mer d'Irlande. Il talonne sur une roche de la balise de « Men Du », à un demi-mille de la côte, avec 6 marins à bord. Au petit matin, cinq corps sont rejetés sur le sable. Le sixième sera retrouvé quelques jours plus tard. L'émotion est considérable. Il est décidé de doter Loctudy d'un canot de sauvetage. Le secteur est mal pavé. Pour se hasarder aux Glénan, cet archipel qui ressemble à un lagon du Pacifique tant que l'on ne trempe pas l'orteil dans l'eau, il vaut mieux savoir lire une carte marine. « Un champ de mines », s'amuse Jean-René.

La station est dotée d'une vedette de 1re classe, *Margodig*, du nom d'un rocher qui affleure à marée basse à l'île Tudy, de l'autre côté du chenal. Depuis 2001, elle a mené 276 interventions, pour 80 % au profit de la plaisance, et secouru 559 personnes. « Là-dessus, il y en a un certain nombre à qui on a dû sauver la vie », dit modestement Jean-René. Mais tout cela coûte cher. Cette année, il a fallu changer les deux gros moteurs de 500 chevaux de la vedette. Et pour ses frais de fonctionnement, la station doit trouver ses financements. Il y a la facturation des remorquages, puisque, si le sauvetage des vies humaines est gratuit, celui des biens ne l'est pas. Viennent ensuite les dons. Et, tous les mardis d'été, les canotiers vont sur le marché pour vendre des t-shirts et autres gadgets. La patronne du café du Port, Anne-Marie, se souvient d'un jour où elle donnait un coup de main à la buvette, lors d'une kermesse, au profit de la SNSM. « Une dame nous a dit d'un ton pincé que la canette de soda était bien chère ! Je lui ai dit : "Madame, vous penserez peut-être différemment, le jour où vous aurez le cul dans l'eau !" » Un cœur énorme et une verve à la Blondin, Anne-Marie. Elle les connaît tous, les pêcheurs, les sauveteurs, ces types qui ne parlent pas en trop. La baie vitrée de sa salle est une vigie sur l'Atlantique.

Tout repose sur la générosité humaine de 7 000 bénévoles, la SNSM ne comptant que 70 salariés. L'État s'en sort à bon compte, pour une mission régalienne. Il ne contribue qu'à hauteur de 10 % du budget de la SNSM, fort modeste d'ailleurs, à 25 millions d'euros. Mais le modèle économique est fragile. D'autant que la culture française ne porte pas au don. Sur 4 millions de plaisanciers naviguant sur 450 000 bateaux, on ne compte que 75 000 donateurs privés à la SNSM. Au Royaume-Uni, il est impensable pour un marin de ne pas contribuer. « En quarante-cinq ans de fonction publique, dit Xavier de La Gorce, président de la SNSM, je n'ai jamais vu une organisation comme celle-là, remplissant efficacement une mission aussi importante à un coût aussi exceptionnellement bas. » Il se bat pour trouver des moyens, explorant des pistes comme bénéficier d'une partie des taxes sur les futurs parcs éoliens maritimes. Et puis, dit-il, « il faut préserver cette âme unique, avec ce bénévolat exercé au risque de sa vie ».

Dans une société où tout se monnaye et où le sens souvent se défile, la SNSM semble d'un autre monde. Son esprit a soufflé sur François Dubin. Arrivé à Loctudy comme directeur d'un village de vacances, il y est resté. Il a fait connaissance des hommes de la SNSM au comité des fêtes. Il est l'un d'entre eux, maintenant, apportant son expérience en gestion et en informatique. « On m'a accepté, dit cet homme de 65 ans, et j'ai pu connaître des gens que je n'aurais jamais rencontrés, toucher une richesse humaine incroyable. » Guillaume Gloaguen ne dit pas autre chose. À 22 ans, il est le plus jeune, la dernière recrue. Précieuse, car il travaille à la SMAB, une entreprise de mécanique marine. « Je suis plaisancier, dit-il. Et si un jour tu as un problème, tu es content que l'on vienne te chercher… » Il emploie de drôles de mots, parle du « devoir d'aider ». Certains de ses amis lui ont bien demandé pourquoi il s'embêtait avec tout cela, sans être payé. « Mais est-on toujours obligé de recevoir quand on fait quelque chose ? » demande-t-il. La SNSM, c'est cela. À bord, un Guillaume Gloaguen peut côtoyer un Édouard Guillaud, l'amiral. L'ancien conseiller militaire de l'Élysée et chef d'état-major des armées est devenu canotier à Barfleur, depuis qu'il a raccroché sa casquette au clou.

*Margodig* a une marraine, l'actrice Sophie de La Rochefoucauld, rencontrée quand elle jouait Mary Lester dans l'épisode « Marée Blanche » du téléfilm éponyme. Elle n'est plus très présente. « Elle est sans doute très occupée, à Paris… » dit Jean-René. La vraie célébrité de la station, c'est

Vincent Riou, enfant du pays et coureur au large. Quand il a gagné le Vendée Globe en 2004, la vedette de Loctudy est allée accueillir aux Sables-d'Olonne celui qui œuvra à bord et y reviendra sans doute. La vedette sera aussi au rendez-vous pour la messe du 15 août qui a lieu en plein air sur le quai, sous les litanies criardes des mouettes. La grande maquette de *Margodig* est portée derrière la Vierge dans la procession qui descend de l'église. Et après la célébration, la vedette appareille, curé et enfants de chœur à la proue, pour bénir les bateaux dans le port et aller lancer une gerbe de fleurs en mer. Ici, les postures des ayatollahs de la laïcité n'intéressent pas beaucoup. Que l'on croie au ciel ou que l'on n'y croie pas, on est tous marins et de Loctudy.

Jean-René Le Quéau a une autre passion : le dessin. « À la pêche, à la passerelle, je dessinais, raconte-t-il. Entre bateaux, on échangeait des bouquins. Tout le monde savait ceux qui étaient passés à mon bord, car toutes les pages blanches étaient couvertes de dessins… » Sur *Margodig*, par temps calme, Jean-René continue à dessiner. Et, modestement, à écrire une magnifique histoire humaine.

## Au QG des gardes-côtes italiens

La voix vient de Suède : elle parle de dures lames qui blanchissent la Méditerranée, d'une mer en colère qui appelle vers le fond un bateau, chargé à chavirer de passagers effrayés. C'est une femme qui raconte. Depuis le nord lointain de l'Europe, elle a composé le numéro de téléphone du QG des gardes-côtes italiens pour les avertir d'un drame du Sud. À Rome, dans le centre des opérations, on écoute cet appel angoissé. La tragédie ordinaire, l'absurde routine.

« Ils ont besoin de secours, implore la voix anonyme. Il y a 400 personnes à bord. Des enfants, des femmes enceintes...

— Quelle position ? demande le sous-officier de quart.

— Je ne sais pas... Ils sont partis il y a trois jours, de Mersin... »

Mersin, c'est ce port de Turquie qui joue les embarcadères pour migrants en partance. Au téléphone, la femme explique connaître une personne à bord du bateau. Elle finit par donner le téléphone portable de cet homme. Un opérateur appelle. Cela sonne. Le bateau ne doit pas être loin des côtes. On décroche. Un homme affolé explique que l'embarcation est au large de la Crète, mais il ne peut donner la position.

Sur les cartes marines, le compas et la règle s'agitent. Ils tracent la route probable et la vitesse moyenne estimée. « Ils doivent être quelque part par là, au sud-ouest de la Crète », explique le capitaine de frégate Sirio Faè, commandant en second du centre des opérations. Il prévient immédiatement les centres de secours en mer grecs et maltais, le navire pouvant se situer dans leurs zones de compétence. Un avion appartenant à l'opération européenne « Triton », avertie elle aussi, décolle. Sa reconnaissance ne donne rien.

Quatre heures après le premier appel suédois, un nouveau coup de fil. D'Italie, cette fois-ci. L'interlocuteur, enfin, est capable de donner une position GPS. Le bateau est repéré par la Marine grecque, ses passagers sauvés. Il voulait faire route vers l'Italie, la voie royale d'entrée en Europe, mais le mauvais temps l'a contraint à mettre le cap sur les côtes crétoises. « Voilà, soupire le commandant Faè, des cas comme celui-là, on peut en avoir vingt par jour… » Il faut définir les priorités. En vingt-quatre heures, il est arrivé que 5 000 migrants environ soient secourus.

La centaine d'hommes du central opérationnel de la Guardia Costiera fait face à la plus grande vague d'immigration maritime jamais connue. Pour surveiller 500 000 km$^2$ de mer et 8 000 km de côtes, ce corps de marins militaires aligne 11 000 hommes. Ils sont en première ligne, au bout de leurs limites matérielles et humaines, souvent. Le capitaine de frégate Faè est affecté au centre des opérations depuis 2006. Il connaît chaque mille de chaque route clandestine, le moindre quai des ports libyens, toutes les ruses des trafiquants d'hommes.

Sur les écrans du PC, de petits « plots » désignent les bâtiments déployés, face à la Libye essentiellement. Des navires des gardes-côtes et de la Marine italienne, bien sûr. Mais aussi deux bâtiments militaires allemands, un autre britannique, un islandais. Et un aviso français, le *Commandant Birot*, qui croise quelque 30 nautiques au sud de l'île de Lampedusa. Il y a aussi des navires affrétés par des ONG, comme Médecins sans frontières.

L'officier désigne une zone, située entre la côte libyenne et Lampedusa. « C'est là qu'a lieu l'essentiel des interventions », dit-il. Le scénario est presque toujours le même. Quelques heures à peine après avoir appareillé, les migrants ont pour consigne de contacter les gardes-côtes italiens. « Ils le font très rapidement, à une distance comprise entre 15 et 60 milles de leur point de départ », poursuit-il. Les passeurs leur ont donné un téléphone satellite, avec les numéros préenregistrés. « Avec le numéro qui s'affiche, nous voyons de quel opérateur de téléphonie satellite il s'agit, précise le commandant Floriana Segreto, nous le contactons pour voir s'il peut localiser l'appel. » Ces appareils sont jetés à l'eau quand les secours arrivent.

À chaque fois, les mêmes mots. Le navire est décrit en détresse, avec des bébés en danger, des malades… « Vrai ou faux ? Nous sommes obligés de traiter chaque cas comme s'il était sérieux, commente le commandant Faè. De toute façon, même si le bateau reste manœuvrable, sa vétusté, la surcharge et l'absence d'équipements de sécurité rendent toujours la situation dangereuse. » Les esquifs de clandestins sont essentiellement de deux types. Des navires en bois, souvent d'anciens bateaux de pêche, de 12 à 20 m, pouvant porter de 150 à 800 personnes. Et des pneumatiques, emmenant entre 80 et 120 passagers. « Ils sont souvent de fabrication locale, sans compartiment et donc très dangereux. »

Ces trafiquants deviennent-ils plus agressifs ? « Oui, si l'on considère qu'il y a eu deux cas où ils ont tiré pour récupérer le bateau, une fois les migrants secourus. » Mais le commandant Faè relativise. « Même si le bateau vaut 30 000 ou 50 000 euros, ce n'est pas si important pour eux. Un "chargement" de 250 migrants, cela rapporte un demi-million d'euros… »

Les départs depuis l'Égypte ou la Turquie ont beaucoup baissé, du fait de l'action des autorités de ces pays. Le chaos libyen, lui, fait le bonheur des réseaux de passeurs. Sur les quelque 170 000 migrants arrivés sur les côtes italiennes, 39 000 ont été secourus en mer par les gardes-côtes italiens. Cette vague grossit encore, et ils se sentent parfois bien seuls sur ce flanc ouvert de l'Europe… Et tant que le problème ne sera pas traité à la source, confie à demi-mot le capitaine de frégate Faè, on voit mal ce qui pourrait empêcher ces morbides escadres de prendre la mer.

# Les mystères des îles

# L'île Hy-Brasil,
# l'« Atlantide du Connemara »

Les mondes insulaires et brumeux sont toujours terres de mystères. De l'Écosse à l'Irlande en passant par le pays de Galles, les îles du nord de l'Europe sont fertiles en mythes et énigmes. Des hommes y disparaissent à jamais dans le brouillard, des créatures étranges hantent les eaux profondes, des îles portées sur les cartes se refusent aux marins. Dans notre époque qui veut tout voir et tout savoir, ces lieux perdus entretiennent la flamme de la curiosité. Et rassurent : à quelques heures de nos villes, le rêve et l'imagination ont encore droit de cité.

Cette terre ne se donne qu'aux âmes patientes et assidues. Selon les légendes celtiques, l'île de Hy-Brasil ne se montre aux mortels qu'un jour tous les sept ans et demeure cachée dans les brumes le reste du temps. C'est peu, même si l'on aime veiller face au large sur les rudes falaises d'Irlande. C'est peu, mais cela suffit à faire apparaître sur les cartes marines ce poste avancé de l'Europe dans l'Atlantique Nord. Jusqu'au XVIIIe siècle tout au moins, quand les données scientifiques ont malheureusement dissipé les grands mythes. Dont celui de cette « Atlantide irlandaise ».

Pour une île qui n'a jamais existé – mais après tout, en est-on sûr ? –, Hy-Brasil a connu une belle reconnaissance. Durant quatre siècles, on l'a retrouvée sur les plus dignes portulans, posée au large de la côte ouest de l'Irlande. Avec des variantes dans l'appellation : Hy-Brasail, Breasal, Brasil, Brazil ou O'Brasil. Voire des dénominations fort poétiques, comme « l'île enchantée » ou « l'île heureuse ». Le nom est étrange, même s'il n'a absolument rien à voir avec le Brésil. Diverses hypothèses ont couru. Il pourrait venir de l'ancien clan de Breasail, la famille des MacCann dont le fief est le comté d'Armagh, au nord-ouest de l'île d'Émeraude. On le rapproche aussi du terme « Brazil » utilisé au Moyen Âge pour désigner une teinture rouge tirée de gastéropodes. Ou du vieux mot irlandais « *breas* », qui signifie « beau » ou « chanceux ».

L'île mystérieuse apparaît pour la première fois sous le nom de Bracile sur une carte marine dressée par le Majorquin Angelino Dulcert en 1325. Un siècle plus tard, en 1436, le marin et cartographe vénitien Andrea Bianco mentionne à son tour l'Insula de Brasil. « Les historiens pensent que les cartographes ont placé cette île fantôme sur leurs cartes après avoir été nourris de rumeurs sur son existence, écrit Cynthia Smith, de la division géographie et cartes de la bibliothèque du Congrès américain. De nombreuses expéditions ont été lancées pour tenter de localiser l'île. Et, bien qu'elle n'ait jamais été trouvée, Brasil a continué d'apparaître sur les cartes jusqu'en 1873, date à laquelle elle a été représentée pour la dernière fois sur une carte de l'Amirauté britannique ».

L'emplacement a varié, surtout en latitude. Sur la carte de l'Espagnol Diego Gutiérrez, établie en 1562, Isola de Brazil apparaît au sud-ouest de l'Irlande, à l'est de ces monstres marins qui peuplaient les cartes nautiques du Moyen Âge et de la Renaissance. Dans le *Theatrum Orbis Terrarum*, élaboré huit ans plus tard par Abraham Ortelius, Brasil est placée plus au nord, dans l'ouest de l'Irlande centrale, au large du comté de Mayo. Sur une carte catalane apparaissent même deux îles tandis qu'un tracé portugais montre une île circulaire coupée en deux par un cours d'eau.

Entre folklore et rumeurs, des récits racontent la vie sur l'île mystérieuse. Des voyageurs revenus d'Hy-Brasil auraient décrit une civilisation brillante et avancée. Ils évoquent des édifices couronnés de tours et de dôme dorés, un bétail opulent et des habitants prospères. On conte l'histoire du capitaine John Nisbet, qui assure avoir vu l'île en 1674. Originaires du Donegal, dans le nord de l'Irlande, lui et ses hommes sont familiers de ces eaux. Un jour, leur esquif se trouve pris dans un épais brouillard. Quand la brume se lève brusquement, ils sont dangereusement proches de brisants. Le bateau mouille à la hâte une ancre par trois brasses d'eau. Puis 4 hommes rament jusqu'au rivage pour explorer l'île. Ils reviennent avec de l'argent et de l'or donnés par un vieil homme. Quelque temps après, le navire d'Alexander Johnson trouve aussi l'île et confirme les dires de Nisbet.

Selon la tradition orale, même dans les rares moments où elle était visible, l'« Atlantide du Connemara » demeurait inaccessible. On parle d'une terre noyée dans le brouillard ou d'une « île flottante » qui disparaît lorsque l'on s'en approche. En 1872, l'archéologue irlandais T.J. Westropp assure avoir vu l'île apparaître et disparaître à trois reprises. La troisième fois, il a même embarqué avec lui sa mère et des amis comme témoins du phénomène. Quelques années plus tard, en 1888, un livre de D.R. McAnally, *Irish wonders*[1] (Les Merveilles de l'Irlande), prétend raconter la découverte de l'île par des natifs du sud-ouest du pays. « Dans l'après-midi du dimanche 7 juillet 1878, les habitants de Ballycotton, dans le comté de Cork, ont été très excités par l'apparition soudaine, loin en mer, d'une île dont l'existence n'était pas connue. Ces pêcheurs connaissaient la mer aussi bien que la terre. La veille, ils avaient navigué à l'endroit où l'île étrange apparaissait maintenant et l'endroit avait été le meilleur de leurs lieux de pêche. »

Le jour est clair et les habitants s'émerveillent de la vision de cette île accidentée. La fin de la description est fort poétique. « À une extrémité, l'île s'élevait brutalement de la mer ; de l'autre côté, la déclivité était graduelle. L'épaisse forêt de la partie montagneuse laissait la place à des arbres plus petits, puis à des arbustes, puis à de vertes prairies qui finalement se fondaient dans la mer et devenaient indiscernables des vagues. »

1. D.R. McAnally, *Irish wonders*, Zinc Read, 2024.

Avec l'augmentation du trafic maritime, les géographes commencent à douter de l'existence de l'île de Brasil. Elle apparaît dès 1753 sous la dénomination d'« île imaginaire d'O Brazil » sur une carte publiée par le cartographe britannique Thomas Jefferys. À peu près à la même époque, dans sa *Carte d'Europe dressée pour l'usage du Roy* sur les itinéraires anciens et modernes et sur les routiers de mer en 1760, le Français Guillaume Delisle ne confère à Brasil que le statut de « rocher ». Dans une communication faite en 1870 à la Société géologique de France, W. Fraser a suggéré que le banc de Porcupine, situé à 200 km à l'ouest de l'Irlande, correspondait à l'île engloutie. Il ne s'agit pas d'un banc affleurant, mais d'une sorte de montagne sous-marine bordée de fosses plus profondes.

« Les premiers cartographes ont pris l'existence de cette île présente dans la mythologie médiévale au pied de la lettre, explique Colin Breen, géographe de l'Ulster University. Puis, au cours des siècles, sa mention continue sur ces cartes relevait de l'hommage au mythe et de la licence artistique. Avec l'avènement de la cartographie marine scientifique au XIXe siècle, elle a finalement été supprimée. »

Professeur au Trinity College de Dublin, Mark Hennessy rappelle que ces îles imaginaires ont pu apparaître à la suite de mirages ou d'illusions d'optique, mais aussi parce que les cartographes recevaient des informations de seconde, troisième ou quatrième main. « La grande majorité des cartes historiques n'étaient pas basées sur des relevés originaux, mais sur des copies de documents existants. Les erreurs de certaines cartes de référence ont eu tendance à être répétées par les cartographes suivants, dit-il. Il est néanmoins remarquable que la mention de cette île ait persisté au XIXe siècle, alors que l'Atlantique était très bien cartographié. »

Le mythe d'Hy-Brasil est ressorti d'étonnante manière il y a trois ans dans le sillage de l'incident de Rendlesham Forest, la plus célèbre affaire d'ovnis au Royaume-Uni. Dans la nuit du 27 au 28 décembre 1980, des militaires américains affectés sur la base de Woodbridge, dans le Suffolk, au nord-est de l'Angleterre, prétendirent avoir observé des phénomènes inexpliqués. Après avoir vu l'engin non identifié, un sergent de l'US Air Force, Jim Penniston, aurait reçu par télépathie un code binaire de 16 pages. Décrypté bien des années plus tard et rendu public en 2019, il aurait révélé les coordonnées de sites antiques du monde entier, dont les pyramides de Gizeh, les lignes de Nazca au Pérou et l'emplacement cartographié au fil des siècles comme étant celui d'Hy-Brasil…

Le mythe de l'Atlantide fascine depuis des siècles, inspirant, de Pierre Loti à Thomas More ou Francis Bacon, romans ou essais métaphoriques, sans parler des films et jeux vidéo. Qu'avait Platon en tête quand il relata cette histoire, « vieille de 9 000 ans » ? Une leçon politique et philosophique, sans nul doute. Les Atlantes, vertueux habitants de cette immense île donnée à Poséidon lors du partage du monde, ont creusé leur perte en se laissant corrompre par la démesure et l'instinct de domination. Leurs fautes ont été englouties en même temps que leur cité idéale quand Zeus donna libre cours à son courroux. Certes, Hy-Brasil n'a jamais eu l'envergure de l'Atlantide, véritable continent posé au cœur de l'océan au-delà des colonnes d'Hercule, l'actuel détroit de Gibraltar. Mais son mythe encore vivant rassure en cette époque qui veut tout savoir et comprendre. L'île intermittente entretient la flamme du mystère. Et nous rappelle que certaines beautés du monde n'apparaissent qu'à ceux qui veulent les voir.

# Aux îles Orcades, le grand serpent de mer de Stronsay

Les créatures étranges affectionnent les lieux isolés, les lacs des terres hautes et les forêts profondes. Elles laissent leurs empreintes sur les cimes enneigées ou les sables désolés. La « bête de Stronsay » n'échappe à pas à cette règle du mystère. C'est sur la plage la plus perdue qui soit qu'elle est allée s'échouer il y a deux siècles, dans ces îles Orcades qui font se perdre en mer les terres septentrionales d'Écosse. Posant une énigme qui a passionné les scientifiques de l'époque et qui déroute encore.

Au lendemain d'une rude tempête de septembre 1808, des habitants de l'île de Stronsay, à quelque 20 km au large de la côte nord de l'Écosse, découvrent une créature géante échouée sur la plage de Rothiesholm Head. La nouvelle se répand et les curieux se pressent pour voir la dépouille. La bête au long cou est d'une taille stupéfiante, mesurant plus de 16 m de long. Elle ne ressemble à aucun animal connu de la population locale, pourtant familière de la faune marine de l'archipel. Les autorités sont alertées et lancent une enquête. Mais quand les experts se rendent sur les lieux, le corps est largement décomposé. Quatre témoins déposent toutefois sous serment au mois de novembre.

Le premier, Thomas Fotheringhame, un habitant de Kirkwall, la plus grande ville des Orcades, est charpentier. Cela tombe bien, car il a avec lui une règle qui permet de jauger la bête. Elle mesure « exactement 55 pieds (soit 16,8 m), de la jonction de la tête et du cou, à la queue ». Le deuxième témoin est un métayer de Dounatoun, John Peace, qui, attiré par le raffut d'oiseaux de mer, avait trouvé le corps échoué sur des rochers quelques jours avant qu'il ne soit finalement rejeté sur le rivage par un coup de vent. Il avait alors cru à une baleine, avant de s'apercevoir que l'animal était différent, affublé notamment « de six bras, ou ailes, comme on les appelle sur l'île ». La troisième déposition est celle d'un matelot de Rothiesholm, George Sherar, qui a aussi cru à une baleine morte. Il confirme la longueur de 55 pieds. Le quatrième témoin, William Folsetter, est un autre marin de Stronsay.

Un croquis de la bête est tiré, dans l'ensemble très ressemblant selon les quatre hommes. Leurs descriptions se rejoignent peu ou prou. Les trois paires de « pattes » ou nageoires se terminent par des poils. La peau, élastique et d'une épaisseur de 5 cm par endroits, est grise et rugueuse au toucher, mais « lisse comme du velours » si on la caresse de la tête vers la queue. Dans sa partie la plus large, la circonférence est « égale à celle d'un poney des Orcades » et la tête, perchée au bout d'un long cou mince de 3 m de long, « n'est pas plus grosse que celle d'un phoque ». Elle est affublée d'une crinière de longs filaments « ressemblant par leur texture au matériel de pêche connu sous le nom de boyau de ver à soie ». Dans un article publié par le journal *The Orchadian*, la chair est décrite comme de la « viande de bœuf grossière et mal colorée, entièrement recouverte de graisse et de suif et sans la moindre ressemblance ou affinité avec le poisson ».

La découverte de la « bête de Stronsay », comme on l'appelle vite, court jusqu'à Édimbourg et même Londres. Savants et historiens s'emparent du sujet. Et s'affrontent. Des morceaux de la carcasse, dont des segments de vertèbres et des « mèches de cheveux », sont transportés dans la capitale écossaise. En janvier 1809, un professeur d'anatomie réputé d'Édimbourg, John Barclay, fait la première communication sur le sujet devant la principale société d'histoire naturelle d'Écosse, la Wernerian Natural History Society. Le savant est persuadé que le corps est celui du « grand serpent de mer ». Lui et d'autres sont tellement convaincus qu'il s'agit d'une espèce nouvelle qu'un nom savant est donné à l'animal : *Halsydrus pontoppidani*, du nom d'un évêque norvégien, Erik Pontoppidan, qui recensait les monstres marins aperçus par les marins nordiques dans les années 1700.

Outre les quatre témoignages, Barclay en cite un cinquième, celui du révérend Donald Maclean, qui assure avoir rencontré la créature quelques mois avant son échouage, en juin 1808. L'affaire s'est déroulée alors qu'il naviguait sur une barque, au large de l'île de Coll, dans les Hébrides, sur la côte ouest écossaise, à 300 km de Stronsay. À une distance d'un demi-nautique, il remarque une drôle de forme qui pourrait être un rocher, sauf qu'il n'en existe pas à cet endroit-là. En l'observant, il la voit bouger, puis s'élever au-dessus de la surface, « apercevant distinctement l'un de ses yeux ». Le « monstre » fixe l'embarcation avant de plonger brutalement.

Apeurés, Maclean et ses compagnons rament vers le rivage, les hauts-fonds empêchant l'animal de les poursuivre. Les hommes distinguent toutefois nettement « une tête plutôt large, de forme quelque peu ovale », avec un cou plus petit et de larges épaules. Maclean estime la taille de la bête de 70 à 80 pieds, soit plus que les témoins de Stronsay. Selon l'homme d'Église, d'autres bateaux de pêche auraient croisé la créature. Des marins auraient vu la bête se diriger vers eux, le cou hors de l'eau, avec « une tête aussi grosse qu'un petit bateau et des yeux grands comme des assiettes ». Elle ne les aurait toutefois pas attaqués.

Cinq mois après la communication de Barclay, un chirurgien et anatomiste londonien réputé, Everard Home, soutient une théorie radicalement différente. Il a fait venir le crâne et des os du cou de la bête à Londres. Dans un article lu à la Royal Society à la mi-mai 1809, il livre une interprétation plus prosaïque. Pour lui, il s'agit des restes décomposés d'un requin-pèlerin, une espèce qui fréquente les mers britanniques, notamment en été. Les vertèbres du « monstre » semblent en effet identiques à celles du grand poisson. La méprise viendrait de la façon dont le requin se décompose et le chirurgien s'attache à le démontrer point par point. Le « cou » de la bête ne serait ainsi que « la colonne vertébrale du poisson entourée de muscles, les branchies et le gosier ayant été séparés par la putréfaction ». En outre, seule la moitié supérieure de la nageoire caudale de l'animal porte la colonne vertébrale et la moitié inférieure, en se décomposant, peut faire croire à une queue serpentine. Enfin, les restes de la nageoire dorsale peuvent prendre l'aspect d'une crinière tandis que les six pattes de la bête seraient tout simplement les reliquats des nageoires inférieures du requin.

La plupart des restes de la bête de Stronsay ont malheureusement été perdus. Le crâne et la « patte » qui avaient été envoyés à Londres ont été détruits pendant le Blitz de la seconde guerre mondiale. Les seules reliques restant, des vertèbres du « serpent de mer » sont conservées au National Museum of Scotland, à Édimbourg. Des scientifiques ont pu les examiner dans une période récente. Les conclusions de Home ont été confirmées dans les années 1980 par le D^r^ Geoff Swinney, expert en vertébrés inférieurs, poissons, amphibiens et reptiles, qui a affirmé qu'il était certain à 100 % qu'il s'agissait d'un requin-pèlerin.

En 2008, une généticienne originaire des Orcades, Yvonne Simpson, est aussi allée dans ce sens. « Cet épisode témoigne d'un tournant du XIX^e^ siècle, avec une méfiance croissante à l'égard des preuves par ouï-dire et des témoignages de non-experts dans le domaine de l'histoire naturelle[1], dit Bill Jenkins, maître de conférences à l'université de St Andrews. Il y a aujourd'hui un consensus au sein de la communauté scientifique pour dire que la bête de Stronsay était bien un requin-pèlerin en état de décomposition avancée et les parties conservées le confirment. Mais malgré toutes ces preuves, certains membres de la communauté cryptozoologique considèrent que le mystère reste entier. »

Pour certains, l'énigme n'est en effet pas totalement levée. Le plus long requin-pèlerin répertorié mesure à peine 40 pieds (12 m), soit 15 pieds de moins que la bête de Stronsay. Il s'agirait donc d'un vrai « monstre » de cette catégorie. Voire une espèce inconnue de requin géant ? Une chose intrigue. Quand on regarde les dessins tirés des témoignages de l'époque, la ressemblance est frappante avec une autre créature légendaire des eaux écossaises, Nessie, le fameux monstre du loch Ness.

---

1. Bill Jenkins, « *The "Stronsay Beast": testimony, evidence and authority in early nineteenth-century natural history* », in « The Royal Society Journal of the History of Science ».

# L'archéologue américain évanoui dans les brumes d'Inishbofin

Ce petit bout d'île de la côte nord-ouest de l'Irlande n'avait rien pour être un jour propulsé en une du *New York Times*. Quelques arpents d'herbe, une pincée de bicoques serrées les unes contre les autres devant la petite jetée, et du vent à revendre. Aucune localisation stratégique, nul intérêt économique, guère même de grande activité touristique. Un petit monde de rien du tout, à peine 120 hectares posés à moins de 2 nautiques de la côte. Pourtant, le 9 juillet 1933, le grand quotidien américain titre sur « Un archéologue disparu en mer dans une tempête » au large de l'île d'Inishbofin. Un drame banal de la plaisance, pense-t-on alors. En fait, le début d'un fascinant mystère qui reste non résolu jusqu'à nos jours.

Si le disparu a droit aux grands titres, c'est qu'il s'agit d'une personnalité connue aux États-Unis, voire dans le monde entier. Universitaire brillant, Arthur Kingsley Porter est un spécialiste renommé de l'époque médiévale et de l'architecture romane, qui a occupé la chaire d'histoire de l'art de Harvard. Il semble avoir tout pour lui : l'intelligence, la culture, l'argent, les honneurs. Ce fils d'une riche famille de Nouvelle-Angleterre voyage souvent en Europe pour ses recherches, accompagné de Lucy, sa brillante épouse, qui documente ses travaux avec ses photographies. En 1929, il fait l'acquisition d'un château en Irlande, celui de Glenveagh, magnifique domaine situé dans la région du Donegal et construit en 1870. Le site est somptueux, avec ses tours crénelées en granit bordant le loch Veagh au milieu d'une nature sauvage, 16 000 hectares de montagnes, de tourbières et de lacs.

La bibliothèque est restée telle que le scientifique l'avait laissée. « C'est le propriétaire suivant, Henry Mclhenny, qui l'a voulu ainsi, en hommage à son ancien professeur puisqu'il était l'un de ses étudiants, explique Liam Beeton, qui travaille sur le domaine. Il a racheté le château en 1937. » Sur les rayonnages, des livres savants sur les sujets de prédilection de Porter, mais aussi l'histoire et les mythes irlandais. « Il s'était pris de passion pour le mouvement littéraire du Celtic Revival et a écrit un livre ici, *Les Croix et la Culture irlandaises*[2] », dit encore Liam. Aux murs sont accrochées des peintures de celui qui était devenu son ami, George Russel, grand spécialiste des légendes celtiques. L'endroit est aujourd'hui un parc naturel national, après que Mclhenny a cédé le château à l'État irlandais, en 1981.

---

2. *The crosses and culture of Ireland*, by Arthur Kingsley Porter (New Haven: Yale University Press; London: Humphrey Milford, Oxford University Press, 1931).

En même temps que l'envoûtant château, « l'Indiana Jones de Glenveagh », comme certains l'ont surnommé, a fait construire un cottage de deux pièces sur l'île d'Inishbofin, à une vingtaine de kilomètres plus au nord, afin de profiter des joies de la mer et de la pêche. Kingsley Porter a décidément bon goût. Alors que les maisons de pêcheurs sont groupées face au sud et à la terre, il a choisi un emplacement isolé, dans le nord de l'île. On voit aujourd'hui les quatre murs de pierre, hauts encore d'un mètre, face à une belle plage de sable blanc. La vue est à couper le souffle. Sur la gauche, les escarpements de l'île voisine de Tory ; en face, le large ; sur la droite, la falaise de Horn Head. À l'époque, et jusque dans les années 1970, une grosse centaine de personnes vivaient ici à l'année. L'école, qui ne comptait plus que deux élèves, a fermé en 1982. Et « l'île de la vache blanche » n'accueille plus que des pêcheurs six mois de l'année, ainsi que des vacanciers l'été.

C'est dans sa retraite insulaire que se trouve Arthur Kingsley Porter, le 8 juillet 1933. En cette matinée d'été, l'homme de 50 ans part marcher sur les grèves. On ne le reverra jamais. L'enquête conclut que l'éminent lettré a trébuché sur une falaise, est tombé dans la mer avant que les flots ne l'emportent. Tout en reconnaissant que l'accident est étrange puisque l'océan n'a rejeté aucun corps. Mais sur l'île, personne ne croit vraiment à cette version. À tel point qu'il y a deux ans, quand un mémorial a été érigé pour rendre hommage aux morts en mer aux abords d'Inishbofin, le nom d'Arthur Kingsley Porter n'y a pas été porté.

Avec sa petite vedette, Harry Coll assure la desserte de l'île aux beaux jours. Le père et le grand-père de cet ancien pêcheur de 66 ans ont vécu sur Inishbofin et lui-même y possède encore une maisonnette. « Il y a trois possibilités. Les deux premières, c'est l'accident et le suicide, et je ne crois à aucune des deux. Et je ne suis pas le seul », dit-il. Les falaises, il est vrai, ne sont ni hautes ni méchantes. Et les vagues n'ont roulé aucun cadavre. « La troisième, c'est qu'il a simulé sa mort pour aller mener une autre vie ailleurs. On l'a d'ailleurs signalé à Paris plus tard. À mon avis, c'est ça, l'histoire. Vous savez, parce qu'il était gay... »

Le cœur de l'énigme se situe là. Car si la vie du savant fortuné semblait en tout point parfaite, la réalité était plus complexe. L'homme était torturé, déstabilisé par son homosexualité à une époque où elle n'était pas acceptée. Porter la vivait secrètement, avec l'alibi de son mariage, même si son épouse Lucy savait. Il lui avait annoncé après dix-sept ans de mariage et elle avait accepté. L'universitaire avait un jeune amant, Alan Campbell, recommandé par le docteur Ellis, un psychiatre londonien peu orthodoxe. Porter avait engagé Campbell comme assistant à Harvard. « J'aimerais penser que Kingsley a disparu pour s'enfuir dans un endroit caché et que, grâce à son argent et à sa connaissance du monde, il a gagné l'Afrique ou l'Asie où il a pu vivre librement sa vie dans l'ombre. Ce serait une fin digne de sa vie incroyable », confie Lucy Costigan, qui a consacré un livre d'enquête à cette mystérieuse affaire[3]. Outre Paris, des témoins assurent avoir vu le disparu sur un quai de Marseille, dans le nord de l'Espagne et même dans un monastère en Inde.

Mais pour Lucy Costigan, la réalité est vraisemblablement plus triste. « À l'époque où il est retourné à Inishbofin, il ne fait aucun doute que Kingsley craignait d'être expulsé de Harvard en raison de son homosexualité, poursuit-elle. Il savait trop bien que cette révélation, et le scandale public qui s'ensuivrait, devrait être supportée par sa femme, qui avait tout fait pour le soutenir et le protéger. » Dans une lettre, il a confié être « consumé par l'angoisse ». Qui plus est, l'année 1933 est lourde : la grande dépression a fait fondre sa fortune, et le jeune Alan Campbell l'a quitté. « Kingsley consultait le docteur Ellis pour une dépression de longue date et cette situation l'a probablement rendu suicidaire. C'est malheureusement la raison la plus plausible de sa disparition. »

Un documentaire réalisé par un journaliste d'investigation irlandais laisse toutefois toutes les pistes ouvertes, surtout celle de la fuite clandestine. Kevin Magee, qui a eu accès à de nouveaux documents, montre qu'un bateau de pêche, non mentionné lors de l'enquête, se trouvait dans la baie de l'île. Or, raconte-t-il, Porter était fasciné par le moine médiéval irlandais saint Colomba, qui s'était exilé sur l'île écossaise d'Iona. Et il avait écrit un poème comportant vingt et une

3. Lucy Costigan, *Glenveagh Mystery: The Life, Work and Disappearance of Arthur Kingsley Porter*, Merrion Press, 2012.

fois le mot « libre ». Le film révèle aussi que l'universitaire millionnaire avait modifié son testament peu de temps avant sa disparition, faisant de son épouse Lucy son unique bénéficiaire. Cette dernière aurait eu un comportement étrange dans les heures qui ont suivi la disparition. Elle avait commencé à écrire des lettres – jamais envoyées – déclarant que son mari avait disparu. Et confié à leur ami George Russel : « Kingsley ne reviendra pas ce soir. Il ne reviendra jamais. » Cité dans le documentaire, le petit-neveu de l'universitaire, Scott Arneill, n'a guère de doutes : « Je crois tout simplement qu'il a simulé sa propre mort. »

Mais la théorie la plus folle, assurément la plus romanesque, est celle d'un châtiment surnaturel. En 1926, Porter avait en effet retiré le couvercle du sarcophage de la tombe du jeune noble espagnol Alfonso Ansúrez, mort au XIe siècle. Il avait acheminé la pièce à Harvard, où elle était exposée au Fogg Museum en tant qu'exemple d'écriture sépulcrale médiévale. Après la protestation des autorités espagnoles, le précieux sarcophage avait finalement été restitué le 8 juillet 1933. Le jour de l'évanouissement de Porter dans les brumes d'Irlande.

# Entre Irlande et Écosse, le choc de deux géants

Tout serait une affaire d'*ego*. Une merveille géologique mondiale résulterait du choc sottement viril de deux héros celtiques. En des temps fort anciens, un géant écossais nommé Benandonner vivait dans l'archipel des Hébrides intérieures. De l'autre côté de la mer, sur la côte nord de l'Irlande, habitait un solide gaillard nommé Fingal. Séparés par les eaux, les deux personnages s'insultaient copieusement, Fingal s'agaçant des rodomontades de l'Écossais. Un jour, ils décidèrent de régler l'affaire à la loyale et de haute lutte. Un bon vieux duel. Pour ce faire, un pont fut bâti. Et les deux bases de l'ouvrage seraient ces étranges formations volcaniques visibles en Irlande du Nord et dans les îles écossaises. La fameuse Chaussée des Géants d'un côté et la grotte de Fingal, sur l'île de Staffa, de l'autre.

Fingal entreprend donc de jeter des rochers à la mer pour paver un chemin au-dessus des flots, afin que le combat puisse se tenir. Mais les deux protagonistes ne connaissent que leur voix. Ils ne se sont jamais aperçus ni jaugés. Si Fingal (ou Fionn Mac Cumhaill ou encore Finn McCool) est costaud, Benandonner est démesurément énorme et certain que personne ne peut le dépasser en force. Quand ce dernier s'engage sur le pont, sa stature est visible sur l'horizon à des kilomètres. Côté irlandais, cette vision fait frémir Fingal. Ses exploits étaient nombreux, et il avait terrassé de rudes guerriers. Mais, face à ce monstre, il risquait d'être écrasé.

C'est alors que son épouse a l'idée d'un stratagème, où la ruse l'emportera sur la force. Elle emmaillote son mari dans un grand drap, comme un nouveau-né, et le fait coucher dans un lit-berceau. Quand Benandonner se présente pour défier son rival, on lui répond que ce dernier est parti chasser. Seuls son épouse et son bébé sont restés au foyer. En voyant la taille du nourrisson, le géant d'Écosse est pris de vertige. À l'aune de sa taille, le père doit être gigantesque. Le champion écossais préfère rebrousser chemin, détruisant le pont au fur et à mesure de son avancée. Une fois revenu dans sa grotte de Staffa, il remercie sa bonne étoile de n'avoir pas trouvé son adversaire chez lui.

L'île de Staffa et sa grotte insolite sont aujourd'hui des lieux prisés des touristes, qui, entre avril et octobre, peuvent s'y rendre en deux heures de bateau depuis les ports de la sublime île de Mull. L'îlot est aujourd'hui la propriété du National Trust for Scotland. À marée basse, les spectaculaires colonnes de basalte prismatique apparaissent dans toute leur splendeur. À certaines heures, l'eau émet des sons étonnants en s'engouffrant dans la « grotte mélodieuse ». La faune est l'autre objet d'attraction. Sur ce bout de terre se pressent aussi macareux, mergules, huîtriers, fous de Bassan et autres guillemots de Troïl. Durant la navigation, on peut croiser de petits pingouins, des fulmars, voire apercevoir un requin-pèlerin ou une baleine. Une seule famille a vécu sur l'île, jusqu'à la fin du XVIIIe siècle. Depuis, celle-ci est inhabitée. De manière controversée, la « grotte de Fingal » tire son nom de l'œuvre du poète écossais James Macpherson, qui publia en 1761 *Les Poèmes d'Ossian*, mélange supposé de traductions d'œuvres gaéliques et de créations personnelles. Le personnage d'Ossian est inspiré d'Oisin, fils de Finn ou Fionn Mac Cumhaill, le légendaire Irlandais.

De l'autre côté de la mer d'Irlande, dans le comté nord-irlandais d'Antrim, la Chaussée des Géants est un autre haut lieu d'attraction pour les visiteurs. Ses quelque 40 000 colonnes hexagonales verticales juxtaposées sont réparties entre l'estran et une falaise haute d'une trentaine de mètres. La plupart sont de forme hexagonale, mais certaines ont quatre, cinq, sept ou huit faces. À certains endroits, elles évoquent irrésistiblement une chaussée ancienne au pavage irrégulier. Ces « orgues » basaltiques les plus hautes atteignent les 12 m. Classé au patrimoine mondial de l'humanité depuis 1986, le site est aussi une réserve naturelle nationale.

La légende est belle, mais la science a aussi son récit. Ces formations incroyablement géométriques, qui fascinent les géologues, résultent d'une ancienne coulée de lave survenue il y a 59 millions d'années. Le refroidissement brutal de la lave au contact de la mer a créé la fracturation en colonnes qui semblent taillées de la main de l'homme. Il y a quelques années, une équipe de chercheurs de l'université de Liverpool a reproduit le processus chimique ayant sculpté ces formations. En chauffant à plus de 1 000 °C des basaltes du volcan islandais d'Eyjafjallajökull, puis en le refroidissant, ils sont arrivés à la conclusion que la cassure s'était faite entre 840 et 890 °C.

Au fils des siècles récents, la grotte de Staffa et la Chaussée des Géants ont inspiré écrivains, peintres ou musiciens. C'est au retour de son expédition du Pacifique avec le capitaine Cook, à l'été 1772, que Joseph Banks monte un voyage en Islande, en passant par les Hébrides. Avec son équipage, dont fait partie l'artiste James Miller, il découvre à Staffa « une grotte plus belle que n'importe laquelle jamais décrite par un voyageur ». Il en publie description et dessins, faisant connaître un lieu qui va devenir prisé à l'ère romantique. Emporté par son élan, le grand naturaliste – futur président de la Royal Society – vantera une « pièce architecturale naturelle dépassant de loin celles du Louvre, de l'église Saint-Pierre à Rome, des vestiges de la cité de Palmyre et tout ce que le génie, le goût et le luxe des Grecs ont été capables d'inventer ».

La grotte de Staffa ne cesse alors de faire souffler l'esprit. Lors d'un voyage qu'il effectua en 1829, Félix Mendelssohn, fasciné par ces sculptures de lave figée, compose une pièce symphonique intitulée *Les Hébrides ou la Grotte de Fingal* (initialement intitulée *L'Île solitaire*). On y sent la mélancolie que peuvent susciter les terres brumeuses d'Écosse, et le musicologue Marc Vignal y voit même « le premier grand tableau marin de la musique romantique ». Le compositeur a lancé un mouvement, notamment chez les artistes de l'époque victorienne.

William Turner visite la grotte en 1831, alors qu'il doit illustrer le long poème de Sir Walter Scott, *Lord of the Isles*, qui a pour cadre l'archipel. L'écrivain, qui s'était rendu sur place en 1814, disait que l'endroit était l'un des plus extraordinaires qu'il lui ait jamais été donné de voir. De cette vision, Turner a aussi tiré une peinture à l'huile, *Staffa, Fingal's Cave*, où un vapeur moderne défile dans la splendeur naturelle des millénaires passés.

En découvrant Staffa, en 1839, Jules Verne est lui aussi captivé par la beauté de la grotte, que l'on retrouve dans deux de ses romans, *Le Chancellor* et *Le Rayon vert*. Dans ce dernier livre, quand le capitaine de la *Clorinda*, John Olduck, exhorte ses compagnons à quitter l'île alors qu'une tempête approche et que les lames commencent à « se briser avec fracas sur les pieux basaltiques qui hérissent la base de l'îlot », Miss Campbell se désole : « Quitter Staffa. Perdre un si magnifique horizon[1] ! » s'écrie-t-elle. Plus récemment, l'endroit a inspiré les Pink Floyd, qui, en 1969, ont enregistré un morceau nommé *Fingal's Cave* pour la bande originale du film *Zabriskie Point*, même s'il n'a finalement pas été utilisé.

1. Jules Verne, *Le Rayon vert*, Le Livre de poche, 2005.

De l'autre côté de l'eau, *La Chaussée des Géants*[2] est le titre d'un roman de Pierre Benoit paru en 1922 et qui a pour toile de fond l'insurrection irlandaise de Pâques 1916 contre l'occupant anglais. Pour accompagner la sortie de ce livre, le facétieux écrivain et futur académicien organisa même son faux enlèvement par des militants du Sinn Fein… De manière encore plus « rock », la Chaussée sert de décor fantastique à la couverture de l'album *Houses of the Holy*, du groupe Led Zeppelin, sorti en 1973.

L'histoire montre l'ampleur, de tout temps, des liens et échanges entre l'Irlande et l'Écosse. À quelques encablures de Staffa se trouve ainsi l'île d'Iona, où le moine irlandais saint Colomba fonda une abbaye au VI<sup>e</sup> siècle, avec l'objectif d'en faire une « autre Jérusalem » du bout de la terre.

Récemment, le bouillonnant Boris Johnson avait entrepris de relever le défi des géants de la légende. L'ancien Premier Ministre rêvait de construire un pont (voire un tunnel) reliant la Grande-Bretagne – en l'occurrence l'Écosse – à la province d'Irlande du Nord. Mais une étude de faisabilité a enterré le projet fin 2021 en raison des coûts et des délais d'une telle entreprise. Malgré les progrès techniques, Fingal restera le seul à avoir osé une chaussée entre les deux rives.

2. Pierre Benoit, *La Chaussée des Géants*, Le Livre de poche, 2001.

## Les disparus du phare d'Eilean Mòr

L'homme écarquille les yeux, les ouvre à en pleurer face à la nuit et au vent du large. Il voudrait que son regard s'envole au loin, de l'autre côté des vagues, vers ces îles d'où la lumière devrait briller. Garde-chasse sur l'île de Lewis, Roderick MacKenzie a accepté une mission qui lui permet d'arrondir ses fins de mois. Depuis les falaises d'Uig, les plus proches des îles Flannan posées dans l'océan 20 milles nautiques plus au large, il doit surveiller régulièrement la lumière du phare d'Eilean Mòr. L'ouvrage est entré en service un an plus tôt, afin de rendre plus sûres les rudes eaux écossaises de l'archipel des Hébrides extérieures.

En cette nuit de décembre 1900, nul éclat lumineux à l'horizon. Le noir épais, comme si un lourd rideau était tombé sur l'océan. MacKenzie hésite à donner l'alerte. Il n'est pas sûr de lui, le temps n'est pas si beau. Il ne voudrait pas qu'on le croie incapable de discerner la lanterne derrière les nuages. Et puis, le veilleur n'a pas de moyens de communication. À peu près au même moment, le 15 décembre, un navire de la Cosmopolitan Line Steamers (CLS), ralliant le port écossais de Leith depuis Philadelphie, passe au large des Flannan. Constatant que la lampe du phare ne brille pas, le capitaine Holman, commandant du vapeur *Archtor*, envoie un message radio au siège de la compagnie. Qui oublie malencontreusement de faire suivre à l'autorité des phares, le Northern Lighthouse Board.

Dans le phare de ces îles inhabitées, appelées aussi « The Seven Hunters » (« les sept chasseurs »), trois hommes veillent en permanence. Une relève doit avoir lieu le 20 décembre, mais le mauvais temps s'est installé et le bateau de soutien *Hesperus* reste bloqué au port d'Oban. Ce n'est que le 26 décembre qu'il peut faire route vers le phare. Alors que celui-ci se rapproche, le capitaine James Harvey sent que quelque chose ne va pas. Le « pavillon de la relève » ne flotte pas sur la tour comme c'est l'usage. Et personne n'attend fébrilement l'arrivée du bateau sur le débarcadère. Il fait donner du sifflet et lancer une fusée éclairante pour tenter d'attirer l'attention des gardiens, mais l'île reste silencieuse.

Le gardien de la relève, Joseph Moore, est envoyé à terre afin de comprendre ce qui se passe. La porte principale du phare est verrouillée, mais pas celle de la cuisine. À peine passé le seuil, le jeune homme sent que « quelque chose cloche ». Aucun feu ne crépite pour combattre le froid humide, les lits sont vides et les horloges sont arrêtées. Tout est en ordre, la vaisselle lavée et la cuisine nettoyée. L'anxiété de Moore s'accroît et il demande de l'aide pour fouiller le phare et ses abords. À l'extérieur, les choses ont été plus chahutées. Le débarcadère ouest a été endommagé. Les rampes en fer du wagonnet sont détachées de leurs fondations et brisées en plusieurs endroits. Le coffre contenant les amarres, pourtant solidement scellé, ainsi que la bouée de sauvetage ont été emportés. Et ce, malgré une position haute, à 33 m au-dessus de l'eau. Des trois gardiens, aucune trace. James Ducat, Thomas Marshall et Donald McArthur se sont volatilisés. De retour à bord, Moore fait son rapport et le capitaine lui ordonne de retourner au phare pour allumer la lampe. Trois volontaires se proposent de rester avec lui et de faire des recherches plus approfondies sur l'île le lendemain matin. Harvey cingle vers la station télégraphique la plus proche, sur Lewis, et envoie un message à son employeur, le Northern Lighthouse Board à Édimbourg : « Un terrible accident s'est produit aux Flannan. »

L'élévation d'un phare sur Eilean Mòr (« la grande île ») avait été décidée en 1895, après tant de naufrages dans ces eaux agitées. Sa construction avait duré quatre ans au lieu de deux, en raison des rudes conditions météorologiques. Il a été conçu par David Stevenson, l'oncle de l'écrivain Robert Louis Stevenson, dont le père et le grand-père étaient aussi des ingénieurs bâtisseurs de phares. L'un des premiers romans de Stevenson, *La Chaussée des Merry Men*[3], se déroule d'ailleurs sur une île d'Écosse au phare chahuté par les vents fous… Celui d'Eilean Mòr est formé d'une tour circulaire de trois étages s'élevant à 23 m, flanquée d'une maison de gardien à un étage à toit plat située sur un

3. Robert Louis Stevenson, *La Chaussée des Merry Men*, « Folio », Gallimard, 2024.

terrain en pente raide. Sa lumière brille pour la première fois le 7 décembre 1899.

La base arrière du phare est la bourgade de Breasclete, sur l'île de Lewis. C'est là que sont logées les familles dans une maison flambant neuve à l'étonnant double toit, dessinée aussi par Stevenson. « Pour nous, c'était un palais à côté de nos maisons aux toits de chaume et ils avaient l'eau courante, se souvient Christina MacLean, une villageoise de 91 ans, mais les gardiens venus d'ailleurs s'intégraient très bien et nos parents nous ont dit combien la tragédie avait été un choc. » An Taigh Mòr (« la grande maison ») est encore debout et vient d'être rachetée par la communauté locale pour en faire un lieu d'exposition et de socialisation. Quelques centaines de mètres plus bas, on voit encore la jetée bordant le loch Roag, d'où les gardiens partaient vers Eilean Mòr.

En cette fin de l'an 1900, les trois veilleurs sont expérimentés. Gardien principal, James Ducat y a déjà passé quatorze mois. Il connaît bien les conditions de mer et de vent. À sa famille, il a toutefois confié à plusieurs reprises son malaise face à un lieu si exposé et la compagnie a dû le convaincre de rester dans cette affectation. Marshall est son second tandis que McArthur remplace un gardien qui s'est cassé un bras. Toutes les six semaines, un homme part pour deux semaines de repos et le quatrième vient le remplacer.

Quel drame s'est joué, un an à peine après l'entrée en fonction du phare d'Eilean Mòr ? Le journal de bord a été tenu par les gardiens jusqu'au 15 décembre, vers midi.

« L'hypothèse la plus probable est celle d'une vague géante qui a les emportés », raconte Liz MacBain, dont les deux frères de sa grand-mère ont participé à la construction du phare. Mi-documentariste, mi-fermière, cette femme de 52 ans a monté l'exposition qui entretient la mémoire du drame. « Les tempêtes de cette période n'étaient en rien exceptionnelles, poursuit-elle, mais il pourrait s'agir d'une vague levée par le choc de deux puissants courants sous-marins. » La possibilité d'une « vague scélérate », ces monstres liquides décrits par maints capitaines, serait nourrie par le témoignage d'une femme des environs d'Uig. Le même jour, alors qu'elle étendait son linge, cette villageoise aurait vu un « mur d'eau géant » fondre sur le rivage et avait couru se réfugier dans sa maison.

Plusieurs choses restent toutefois troublantes. Les consignes voulaient qu'un homme reste en permanence à l'intérieur du phare, quoi qu'il arrive. Les manteaux de deux hommes ont disparu, mais celui de Macarthur est resté sur une patère à côté de la porte. Surtout, aucun corps n'a été retrouvé. « Peu de temps auparavant, la compagnie avait émis une note disant que les gardiens seraient tenus responsables financièrement des dégâts sur le matériel, avance Liz MacBain, ce qui aurait pu les pousser à sortir pour sauver la petite grue menacée par la tempête. » Un ou deux hommes auraient glissé et été emportés. Ayant fini par aller voir, le troisième aurait été à son tour happé par la mer.

D'autres hypothèses, plus ou moins fantaisistes, ont couru. Les gardiens auraient pu être tentés d'aller vivre une vie plus douce ailleurs, en embarquant sur un bateau de passage. Que trois hommes, dont deux ayant famille, aient choisi la fuite semble toutefois peu vraisemblable. On évoque aussi un coup de folie déclenché par ces rudes conditions. Deux hommes auraient été tués par un troisième, qui se serait ensuite suicidé. Mais où seraient passés les cadavres ? « Et ce n'était pas le genre de gars à être bouleversés par une tempête », dit Liz. Certains se sont dit persuadés que les gardiens avaient été enlevés par des habitants « surnaturels » de l'île ou transformés en oiseaux géants par des fées. Voire kidnappés par des extraterrestres. « Il y a beaucoup de superstitions dans le coin et les îles Flannan ont toujours été entourées d'un parfum de mystère et de maléfices. Ceux qui allaient y chasser des oiseaux avaient peur à chaque fois qu'ils les abordaient », dit Christina MacLean. Et ce, malgré la petite chapelle qui aurait été élevée par saint Flannan, un moine irlandais du VIIe siècle.

Le mystère d'Eilean Mòr a inspiré de nombreuses œuvres, dont un poème de Wilfrid Wilson Gibson et un film sorti en 2018 avec, à l'affiche, Gerard Butler, *The Vanishing*. Un très beau roman de la Britannique Emma Stonex, aussi[4]. « L'explication des gardiens emportés par les flots reste la plus plausible, même s'il est étrange que trois hommes aient

4. Emma Stonex, *Les Gardiens du phare*, Stock, 2022.

disparu totalement, dit l'écrivain. Mais j'ai été fascinée de voir combien ce mystère de la vie réelle avait nourri la mythologie de cette région reculée d'Écosse. Des gens assurent encore avoir vu trois grands oiseaux tourner autour du phare dans une grande lumière… »

Le phare a été automatisé en septembre 1971. Il envoie deux éclats blancs toutes les 30 secondes, qui peuvent être vus au moins 20 milles à la ronde. La technique a eu raison des fantômes de ces îles secrètes. Mais sur Lewis, quelques âmes restent persuadées que le drame qui s'est noué au crépuscule de l'an 1900 ne doit pas tout à la raison.

# Avalon, l'île mystérieuse du roi Arthur

C'est vers le soleil couchant qu'il faut porter les héros qui se meurent. Quand le roi Arthur est gravement blessé à la bataille de Camlann après avoir été trahi par Mordred, c'est vers une île de l'Ouest que l'on emmène son corps meurtri. Des sœurs, ou des fées, l'emportent dans une nef pour soigner ses mains et ses plaies. Le bateau a pour pilote Barinthe, « qui connaissait la mer et les étoiles ». Il aborde Avalon, une île enchanteresse et mystérieuse.

Sur ce qu'il advint du guerrier touché, les écrits divergent. Certains textes affirment que l'île est la dernière demeure du roi, enterré dans une chapelle d'Avalon. D'autres assurent qu'Arthur a survécu. Il est en dormition et reviendra un jour pour sauver les peuples bretons. Rien, par essence, ne peut être sûr dans ces grands mythes historiques et littéraires. Et c'est heureux, chacun laissant son imagination choisir la route qu'il veut. Si la mort d'Arthur n'est pas certaine, la localisation de l'île qui a accueilli le moribond est encore plus floue. Au fil des siècles, elle a été l'objet d'une bataille de clochers à des fins de prestige, mais aussi un enjeu politique.

En écrivant son *Historia Regum Britanniae*, entre 1135 et 1138, l'évêque et écrivain gallois Geoffroy de Monmouth est le premier à conter la vie d'Arthur, personnage aux frontières du réel et de l'imaginaire. Dans la figure de héros breton (ou romano-breton) se mêlent la légende littéraire et les histoires inspirantes de vrais guerriers celtes ayant résisté aux envahisseurs germaniques à la fin du Ve siècle. Monmouth lance une mode arthurienne dans laquelle s'engouffreront d'autres plumes, comme Wace, poète normand qui introduit la légende de la Table ronde dans la littérature française en 1155.

« Geoffroy de Monmouth mentionne Avalon comme une île de l'Ouest liée aux îles Fortunées, où vivent Morgane et ses sœurs[5] », écrit Elizabeth Archibald, professeur à l'université de Durham et auteur de plusieurs ouvrages sur la légende arthurienne. Dans la mythologie grecque, les îles Fortunées étaient situées dans l'océan Atlantique, aux confins du monde connu. Elles formaient un monde insulaire idyllique, une sorte de paradis terrestre sans hiver où les habitants s'adonnaient au sport et à la musique, activités idéales pour l'aristocratie grecque. Le poète Pindare réduisit l'archipel à une seule île.

Avalon (ou Avallon) est, elle aussi, décrite comme un lieu paradisiaque, havre de douceur et d'harmonie dans un monde brutal. Dans *Vita Merlini* (« La Vie de Merlin »), Geoffroy de Monmouth vante « l'île des pommiers, appelée île Fortunée parce que ses campagnes pour être fertiles n'ont pas besoin d'être sillonnées par le soc du laboureur ; sans

---

5. Elizabeth Archibald, et Ad Putter, « *The Cambridge Companion to the Arthurian Legend* », Cambridge University Press, 2009.

culture et tout naturellement, elles produisent de fécondes moissons, des raisins et des pommes sur ses arbres non taillés ; au lieu d'herbes, leur sol est couvert de toutes sortes de récoltes. » Les récits classiques font état de pommes d'or. Toute personne vivant sur l'île est assurée de vivre au-delà de cent ans.

Selon certaines sources, c'est aussi à Avalon que fut forgée la mythique épée d'Arthur, Excalibur. C'est surtout l'île où vivaient la fée Morgane et ses sœurs. Geoffroy de Monmouth décrit les neuf sœurs qui « y soumettent à la loi du plaisir ceux qui vont de nos parages dans leur demeure ; la première excelle dans l'art de guérir et surpasse les autres en beauté ». Il s'agit de Morgane, qui connaît les plantes guérisseuses, mais « sait aussi changer de forme et, comme un nouveau Dédale, fendre l'air avec ses ailes et se transporter à Brest, à Chartres, à Paris, ou bien redescendre sur nos côtes ». Ces neuf enchanteresses accueillent et soignent à Avalon le roi blessé. Mais dans des récits ultérieurs du cycle arthurien, Morgane prend de plus maléfiques atours. Celle qui est la demi-sœur magicienne d'Arthur finit par devenir son adversaire.

Avalon est une terre de charmes et de paix, c'est entendu. Mais où l'île se situe-t-elle ? Les Gallois en revendiquent fermement l'accueil. Dans un livre paru au début des années 1990, Chris Barber et David Pykitt affirment qu'Avalon serait ainsi l'île de Bardsey. Située dans le Gwynedd, au nord-ouest du pays de Galles, elle est aussi appelée « Ynys Enlli »,

« l'île des Bardes », surnommée l'île des 20 000 saints. Sur cette terre religieuse depuis la nuit des temps, saint Cadfan fonda un monastère au VIe siècle et pas moins de vingt mille saints y seraient enterrés. Une légende veut que Merlin ait choisi l'île de Bardsey pour passer la fin de sa vie dans un « château de verre », assisté par neuf compagnons bardes. Avalon a également été appelée « Ynys Witrin », « l'île de cristal », en référence au caractère mystique de l'endroit.

Les partisans de cette localisation mettent aussi en avant le texte *Le Morte d'Arthur*, rédigé au XVe siècle par Thomas Malory et considéré comme le premier roman arthurien moderne. On y lit : « Arthur donna l'ordre qu'il devait être transporté à Gwynedd, car il avait l'intention de rester sur l'île d'Avalon ». On fait aussi remarquer que les premières références à Arthur, avant les écrits de Monmouth, sont le fait de bardes gallois. Le nom de l'île viendrait ainsi du gallois « Ynys yr Afallon » (« l'île aux Pommes »). D'autres lieux du pays de Galles porteraient des traces de la geste arthurienne. Pas moins de trois lacs, dans la somptueuse région nordiste de Snowdonia, hébergeraient l'épée Excalibur. Enfin, la ville de Caerleon, dans le sud du pays de Galles, est citée dans les *Mabinogion*, des récits gallois médiévaux, et l'*Histoire des rois de Bretagne*. Des fouilles menées dans les années 1920 ont mis à jour un amphithéâtre militaire, appelé « Table ronde » ou « Table d'Arthur » par les habitants de la région.

Les Gallois sont loin d'être les seuls à revendiquer l'île enchanteresse. « Tout au long du Moyen Âge, Avalon a été localisée à différents endroits d'Europe, y compris autour de la Méditerranée », commente Elizabeth Archibald. Parmi les lieux candidats à l'implantation mythique : Burgh by Sands, une ancienne forteresse située près du mur d'Hadrien, aux confins de l'Angleterre et de l'Écosse, et Castlehead, en Cumbrie, dans le nord-ouest de l'Angleterre, près de l'embouchure de l'Eden. Mais la France a aussi ses revendications, avec notamment la petite île d'Aval. Situé sur la commune de Pleumeur-Bodou, dans les Côtes-d'Armor, ce charmant îlot a été acheté il y a trois ans par un Corse amoureux de la Bretagne. Il abriterait la sépulture d'Arthur au pied de son menhir. La Bretagne héberge d'autres lieux de la légende arthurienne, dans la forêt de Brocéliande et dans la forêt de Huelgoat.

Certains spécialistes avancent aussi qu'il existe un lien entre Avalon et Helheim, le froid et brumeux royaume des morts de la mythologie scandinave. Plus au sud, l'histoire arthurienne est évoquée dans plusieurs lieux d'Italie, dans la cathédrale de Modène ou dans celle d'Otrante. Le poète anglais Robert Graves, lui, suggère dans son livre *The Golden Fleece* qu'Avalon est située en Espagne, sur l'île de Majorque.

Mais « l'OPA » la plus agressive sur la légende d'Avalon a été menée par les moines de Glastonbury, cette ville du Somerset plus connue aujourd'hui pour son festival de musique. « Ils ont voulu profiter de l'aura d'Arthur en affirmant que l'île était sur leurs terres. Au Moyen Âge, Glastonbury Tor (*Tor* signifiant « la colline » en celte, NDLR) aurait été une île entourée de marais, poursuit Elizabeth Archibald. À la fin du XIIe siècle, Glastonbury est appelée “Avalon” par l’historien gallois Gérald de Galles. Les deux lieux sont aussi assimilés par Marion Zimmer Bradley dans son roman influent *The Mists of Avalon*. »

L’âme tournée vers le Ciel, mais les pieds bien sur terre, les moines auraient saisi tout l’usage qu’ils pouvaient faire de la légende. Ils assuraient déjà que Joseph d’Arimathie, qui aurait recueilli le sang du Christ dans un vase – le saint Calice ou le Saint-Graal dans le cycle arthurien –, avait gagné la Grande-Bretagne depuis la Palestine après avoir été libéré par l’empereur Vespasien. Et avait fondé ce qui fut l’une des plus anciennes implantations chrétiennes d’Angleterre, où ses reliques seraient conservées.

En 1191, lors de travaux après un incendie ayant détruit l’abbaye, les religieux auraient découvert les tombes d’Arthur et de son épouse, Guenièvre. Ils auraient ainsi exhumé un cercueil creusé dans un tronc d’arbre contenant les ossements d’un homme ainsi que ceux d’un corps plus menu. Les deux corps étant placés sous une dalle de pierre, une croix de plomb portant l’inscription : « *Hic iacet sepultus inclitus rex Arturius in insula Avalonia* » (« Ici repose le célèbre roi Arthur sur l’île d’Avalon »).

On soupçonne fortement les moines madrés d’avoir voulu susciter l’intérêt de généreux donateurs afin de collecter des fonds nécessaires à la reconstruction et de supplanter en renommée la basilique Saint-Denis. Mais ils ne sont pas les seuls à tirer parti de l'affaire. Henri II Plantagenêt, par ailleurs fin lettré, ne boude pas l'exploitation politique de la découverte de la tombe d'Arthur. Elle lui offre l'occasion d'asseoir le lien dynastique entre le roi mystérieux et les Plantagenêts, pas fâchés d'estomper leurs origines non anglaises. Arthur devient une sorte de parent spirituel, apportant sa sacralité à la maison royale, comme les Capétiens s'appuyaient sur saint Denis. Un pont relie habilement le céleste au terrestre, la légende et la réalité se confondent. Une utilisation idéologique qui nous rappelle que la politique, parfois, a besoin du souffle des grands mythes.

# Histoires extraordinaires

# Le naufrage du *Bayesian*

Il faisait beaucoup trop chaud pour dormir, cette nuit-là, dans le port de Porticello. Alors, jusqu'à minuit, Matteo Cannia est resté assis sur un banc surplombant la mer. Le vieil homme de 78 ans, pêcheur depuis l'âge de dix ans, a alors vu les premiers éclairs zébrer le ciel lourd. « J'ai entendu le tonnerre et le vent forcissant et j'ai décidé de rentrer chez moi, a-t-il raconté à un reporter de la BBC, mais au fur et à mesure que l'orage prenait de l'ampleur, tout le monde s'est réveillé. L'eau entrait dans la maison de mon ami. »

Vers 4 heures du matin, en cette nuit du 18 au 19 août, un autre pêcheur qui devait sortir en mer, mais s'était ravisé devant l'humeur ardente du ciel, voit monter une fusée de détresse. Fabio Cefalù met son embarcation à l'eau et se dirige vers le lieu de la lueur, à quelques centaines de mètres du petit port sicilien. La surface est déserte, n'y flottent que des coussins et quelques planches de bois. Le yacht de luxe *Bayesian* gît déjà au fond de l'eau, dans cette baie située non loin de Palerme. Le drame n'a duré que seize minutes. Seize minutes de fureur des éléments qui ont transformé une croisière idyllique en cauchemar. Seize longues minutes de chaos qui ont emporté sept vies.

Au moment où les vents fous se sont jetés sur le grand voilier, 22 personnes se trouvaient à bord, 12 passagers et 10 membres d'équipage. Des scènes terribles se jouent dans la nuit noire. Charlotte Golunski tombe à la mer avec sa fille Sophie, âgée d'un an. La jeune femme britannique a raconté avoir perdu son bébé « pendant deux secondes » dans l'eau avant de le tenir de toutes ses forces au-dessus de la surface pour l'empêcher de se noyer. « Tout était noir autour de moi et la seule chose que j'entendais, c'étaient les cris des autres », a-t-elle dit. Avec son bébé et son mari James, elle est finalement sauvée par le skipper d'un voilier ancré non loin de là.

La tragédie a vite une résonance mondiale en raison de la personnalité des victimes. Sept personnes n'ont pas réussi à s'extirper du voilier en détresse. Parmi elles, Mike Lynch, magnat britannique de la Tech. Celui que l'on surnomme le « Bill Gates britannique » est resté coincé dans la coque du *Bayesian* s'enfonçant dans l'abîme. Ce fils d'un pompier et d'une infirmière – tous deux immigrés irlandais –, titulaire d'un doctorat de Cambridge, avait été un pionnier dans son domaine avant même que l'intelligence artificielle ne soit à la mode. Créateur de l'entreprise de logiciels Autonomy, il était à la tête d'une fortune de 500 millions de livres (585 millions d'euros) selon la dernière « *Rich List* » du *Sunday Times*.

Cette croisière devait être un moment de fête et de rédemption. Le milliardaire avait embarqué famille, amis et collaborateurs pour célébrer les bonnes nouvelles venues d'outre-Atlantique. En juin, Mike Lynch avait été acquitté au terme d'un long procès de douze ans aux États-Unis, alors qu'il était accusé d'avoir frauduleusement gonflé la valeur d'Autonomy avant de vendre l'entreprise à Hewlett-Packard en 2011, pour 11 milliards de dollars. Extradé du Royaume-Uni vers les États-Unis en 2023, l'homme d'affaires de 59 ans risquait d'être condamné à de nombreuses années de prison, voire d'y finir sa vie. L'heure était à la célébration de la liberté et de la réhabilitation dans l'opinion publique.

Trois jours après le naufrage du yacht, le corps de Mike Lynch est remonté par des plongeurs. Le lendemain, ils retrouvent le corps de sa fille Hannah, âgée de 18 ans, qui devait entrer à Oxford pour y étudier la littérature anglaise. L'épouse de Mike Lynch, Angela Bacares, a survécu au drame. Parmi les personnes décédées, on compte le président du conseil d'administration de Morgan Stanley International, branche de la banque américaine, Jonathan Bloomer, témoin lors du procès californien, et son épouse Judy ; l'avocat de Mike Lynch, Christopher Morvillo, et son épouse Neda, ainsi que le chef cuisinier du yacht, Recaldo Thomas.

Le mystère est aussi épais que le grain qui a fondu sur le bateau. Comment un yacht de ce tonnage a-t-il pu couler aussi rapidement alors que d'autres bateaux de moindre taille et mouillés à proximité ont traversé la tempête sans dommages ? C'est le cas du *Sir Robert Baden Powell*, un voilier construit en 1957. Son skipper a mis le moteur en marche pour éviter la collision avec le *Bayesian* et participé au sauvetage des 15 survivants.

Depuis, les experts se perdent en conjectures. Le *Bayesian* est un voilier d'exception. D'une longueur de 56 m, il est doté du plus grand mât en aluminium au monde, avec une hauteur de 75 m permettant de porter près de 3 000 m² de toile. L'homme d'affaires avait acheté en 2014 ce bateau construit en 2008, pour 30 millions de dollars. Les amis de Mike Lynch racontent que ce dernier n'était pas « *show off* » (« m'as-tu-vu ») et que Lynch ne voulait pas un bateau « statutaire ». Nombre d'entre eux ignoraient même son existence, l'homme d'affaires parlant plus volontiers de sa passion pour les animaux de sa ferme du Suffolk. Il avait préféré un voilier à l'un de ces super-yachts à moteur prisés par les grandes fortunes, car il aimait le vent dans les voiles et les sillages silencieux. Le *Bayesian* était pour lui une manière d'être, un temps, hors du monde.

D'une élégance de coque comme d'intérieur, le navire à la robe bleue a remporté plusieurs prix de *design*. Il était aussi sûr que beau, « presque insubmersible » selon son concepteur. Et pourtant, il a sombré dans un grand souffle. L'industrie nautique est elle aussi sous le choc. On se demande comment le yacht a pu sombrer aussi vite sans que les passagers aient eu le temps de sortir de leur cabine et monter sur le pont. Des survivants ont raconté à un médecin que tout s'était passé en moins de cinq minutes et qu'ils s'étaient « retrouvés dans la mer sans même se rendre compte de la façon dont ils y étaient arrivés ». À 3 h 50 du matin, la position enregistrée par le système automatique d'identification (AIS) commence à bouger, suggérant que l'ancre du voilier dérape. La dernière position enregistrée par l'AIS l'a été à 4 h 06, vraisemblablement lorsque le bateau a coulé.

Des témoins croient avoir vu une trombe marine, version maritime de la tornade terrestre. « Ces phénomènes peuvent se produire quand se forme une "goutte froide", soit une poche d'air froid au-dessus de la Méditerranée qui, elle, est très chaude. Le contraste provoque la trombe », explique Cyrille Duchesne, responsable du service prévisions de Météo Consult. L'autre possibilité évoquée est celle d'une redoutable « rafale descendante ». Le terme recouvre un courant aérien très puissant, créé par un air froid qui se densifie et descend d'un orage. Le choc avec la surface produit des vents extrêmement violents. « Alors que dans les trombes et tornades, l'air est en ascension et en rotation, il souffle vers le bas et sur une plus large zone dans le cas des rafales descendantes », poursuit Cyrille Duchesne. Celles-ci peuvent atteindre plus de 150 km/h. Les marins parlent de « grains blancs » pour ces coups de vent redoutés, sans précipitations et parfois même sans nuages. Dans tous les cas, cette nuit-là à Porticello, le phénomène météorologique fut aussi extrême que circonscrit. Les gardes-côtes italiens ont déclaré que les vents avaient atteint 60 nœuds (plus de 110 km/h), soit force 11 sur l'échelle de Beaufort qui va jusqu'à 12.

La justice italienne a ouvert une enquête pour possible homicide involontaire et naufrage par négligence. Londres a aussi dépêché en Sicile une petite équipe d'enquêteurs spécialisés dans les accidents maritimes. Au cœur de l'enquête, le capitaine James Cutfield, un Néo-Zélandais de 51 ans qui a survécu au drame, est en état de choc. « Nous ne l'avons pas vue venir » a-t-il déclaré aux médias italiens en évoquant la tempête. Ce sont les seuls mots qu'il ait prononcés publiquement jusqu'à présent. Lors de la première audience au tribunal, il s'est tu comme la loi l'y autorise.

Certains pourtant avaient « vu venir » le coup de chien. Après un chapelet de jours torrides, des vents violents et de la pluie étaient annoncés. Le patron de Perini Navi, le chantier naval réputé qui a construit le *Bayesian*, Giovanni Costantino, a confié à la BBC qu'il était persuadé que le drame découlait d'une série d'erreurs commises à bord : « Avant que le vent ne se déchaîne, le capitaine aurait dû fermer toutes les ouvertures, lever l'ancre, allumer le moteur, mettre le bateau face au vent et abaisser la quille ». Le voilier était en effet équipé d'une quille rétractable, longue de près de 10 m, un lest qui assure la stabilité du bateau en navigation, mais que l'on rentre au mouillage ou au port pour réduire le tirant d'eau. Quand les plongeurs ont découvert l'épave du voilier par 50 m de fond, cette quille était relevée.

Giovanni Costantino émet des hypothèses. « À l'arrière du bateau, une écoutille a dû rester ouverte, ainsi peut-être qu'une autre entrée latérale, et l'eau s'est déversée à l'intérieur, avance-t-il, le *Bayesian* était un modèle pour de nombreux navires en raison de sa stabilité. Si l'eau n'avait pas envahi le navire, il aurait été insubmersible. » Il pourrait s'agir de la grande ouverture située juste au-dessus de la ligne de flottaison à l'arrière, qui pivote pour former une plate-forme de baignade et un point de mise à l'eau pour les petites embarcations. Ainsi que d'une autre ouverture située sur le côté, au niveau de la ligne de flottaison. Une certitude : le bateau n'a pas été mis en pièces par une tornade. L'hypothèse la plus probable est qu'il s'est couché sous la force du vent. L'eau se serait alors ruée à l'intérieur, amenant rapidement à l'irréversible.

L'enquête a été élargie à deux autres membres de l'équipage, tous deux de nationalité britannique. Le mécanicien Tim Parker Eaton, responsable de la salle des machines cette nuit-là, est soupçonné de ne pas avoir vérifié que toutes les portes étaient fermées et les compartiments étanches activés. Le marin Matthew Griffith, qui était de quart, est lui suspecté de ne pas avoir donné l'alerte à temps. Le frère de James Cutfield a déclaré qu'il s'agissait d'un marin « respecté » qui avait travaillé sur des bateaux toute sa vie. Ce marin expérimenté aurait-il sous-estimé le danger ? Aurait-il hésité à prendre des mesures dans le souci de ne pas importuner des passagers de cet acabit ? Le syndicat Nautilus, qui représente marins et capitaines, a appelé à la retenue dans les jugements sur l'équipage du *Bayesian*, tant que les faits ne seront pas éclaircis.

Les recherches sous-marines des personnes piégées dans l'épave n'ont pas été simples. À cette profondeur de 50 m, les plongeurs ne pouvaient rester que dix minutes. Les investigations sous-marines étaient compliquées par le mobilier obstruant les coursives d'un bateau intact. Les secouristes ont comparé la difficulté à celle d'une recherche dans « un immeuble de 18 étages rempli d'eau ». Les sauveteurs ont indiqué que les passagers piégés à l'intérieur s'étaient réfugiés dans les cabines sur le côté bâbord du navire, les plus proches de la surface, là où les dernières bulles d'air s'étaient formées. Cinq des corps ont été retrouvés dans la première cabine, et le dernier corps – celui de Hannah Lynch – dans la troisième cabine sur le même bord. Il reste à savoir si l'épave va être renflouée. Sa récupération pourrait donner des indices importants sur ce qui s'est passé. Mais cette opération devrait coûter plusieurs millions d'euros.

Par un étonnant et terrible coup du sort, le co-accusé de Lynch dans le procès américain, Steve Chamberlain, avait trouvé la mort deux jours plus tôt, percuté par une voiture alors qu'il courait près de son domicile anglais, dans le Cambridgeshire. Il n'en a pas fallu plus pour allumer de folles théories du complot sur les réseaux sociaux. D'autant que, macabre coïncidence supplémentaire, Mike Lynch a disparu le lendemain du treizième anniversaire de l'annonce de la vente d'Autonomy à Hewlett-Packard. La machination moderne contre la tragédie grecque.

# Francis Drake, un héros maritime britannique déboulonné

Il avait beau avoir été surnommé « le dragon » par les Espagnols qui le craignaient plus que le diable, Francis Drake est bien démuni face aux attaques contre sa légende. Le grand navigateur est une nouvelle cible de la « Cancel Culture ».

La « Sir Francis Drake Primary School » de Londres a annoncé qu'elle allait se rebaptiser « Twin Oaks Primary School ». Selon sa directrice, qui a organisé une consultation auprès des professeurs, parents et élèves, ce changement est motivé par « l'association de son nom au commerce des esclaves ».

Ce fait, en l'occurrence, ne fait pas débat. En ses jeunes années, Francis Drake a participé à plusieurs expéditions de son cousin, sir John Hawkins – grand trafiquant d'esclaves – en Afrique de l'Ouest, en Guinée et en Sierra Leone. Mais ses défenseurs font remarquer qu'il y a 500 ans, le jeune Drake n'a fait que vivre selon son époque, dont les travers apparaissent aujourd'hui tristement. Et surtout, qu'il a accompli bien d'autres choses sur les mers.

Avec sa casquette d'explorateur, Francis Drake est ainsi le premier marin britannique à avoir accompli une circumnavigation, cinquante ans après celle de Magellan – mais ce dernier était mort en route. Drake a réussi cet exploit sur son navire Golden Hind, entre 1577 et 1580. Le large bras de mer qui relie les océans Pacifique et Atlantique, entre le cap Horn et les îles Shetland du Sud en Antarctique, est toujours appelé Passage de Drake (ou mer de Hoces). Mi-corsaire, mi-pirate, Drake a aussi amassé des prises pouvant, dit-on, éponger la dette du pays. De manière encore plus essentielle, le marin sauva le pays d'une invasion de l'Armada espagnole en 1588.

La reine Élisabeth Ire avait saisi l'usage qu'elle pouvait faire d'un tel aventurier, l'anoblissant et l'élevant dans la hiérarchie de la flotte. « Empêcher notre nation d'être submergée par une puissance étrangère pourrait au moins compter pour quelque chose, quelles que soient les autres erreurs », estime Michael Deacon dans une chronique du *Daily Telegraph*. Le marin eut enfin une casquette politique, député au Parlement britannique.

Plusieurs historiens de renom se sont insurgés contre cette approche réductrice et décontextualisée de l'histoire. Le professeur David Abulafia, qui a écrit sur les voyages de Drake dans son livre *The Boundless Sea: A Human History of the Oceans*, estime que des noms comme le sien doivent être préservés, ce qui n'empêche pas de discuter de son rôle dans la traite des esclaves ou la piraterie, en même temps que de sa stature de sauveur de l'Angleterre. Le professeur Robert Tombs se désole aussi de cette absence de nuances : « Cette école, plutôt que d'utiliser le nom de Drake pour enseigner à ses élèves des leçons précieuses sur le passé, a opté pour une alternative dénuée de sens, coupée de l'histoire. »

Le mouvement Black Lives Matter, lancé à l'été 2020, ne cesse de faire des vagues au Royaume-Uni. Pas une semaine ne passe sans qu'une institution, école, collège ou université constate avec horreur que son bienfaiteur du passé ou sa figure éponyme avait histoire liée avec le passé colonial ou esclavagiste du pays. On fait tomber les statues et l'on renomme à tour de bras. À Bristol, la Colston's School (du nom du négociant Edward Colston) est devenue la Collegiate School. En Écosse, l'université d'Édimbourg a renommé la David Hume Tower « 40 George Square ». Certains ont pourtant fait remarquer que le grand philosophe n'avait jamais possédé lui-même d'esclaves. Mais ses amis oui, et certains de ses commentaires ont été jugés « inappropriés », ce qui a suffi à le disqualifier.

La façon dont la BBC a rendu compte de l'affaire a exacerbé la polémique. Le média public a présenté Drake comme le « trafiquant d'esclaves du XVIe siècle ». Oubliées, ses qualités d'explorateur, de navigateur ou de sauveur de la patrie… Comme si l'épisode de l'esclavage éclipsait tout le reste d'une vie hors normes. Se rendant compte de la grosseur du trait, la BBC a rectifié le tir sur son site internet, avec cette mention : « Cet article a été modifié par rapport à une version précédente qui suggérait que sir Francis Drake était surtout connu pour ses liens avec le commerce des esclaves »… Il ne peut en tout cas être reproché à Drake d'être issu de quelque « privilège » tant ses origines familiales étaient simples. Le marin avait d'ailleurs pris pour devise ces mots latins : « *Sic parvis magna* », soit « La grandeur vient de débuts modestes ».

# L'incroyable odyssée de sir Ernest Shackleton en Antarctique

C'était une époque bénie, où les expéditions n'étaient pas parrainées par des marques de boissons énergisantes, mais de bonnes maisons de whisky. L'Expédition impériale trans-antarctique de sir Ernest Shackleton emportait moult bouteilles d'un bon malt. Trois caisses intactes furent découvertes un siècle plus tard, en 2007, dans les vestiges du camp de base abandonné par les explorateurs polaires.

Plus souvent qu'un petit scotch, les 28 hommes de l'expédition « Endurance » burent de la neige fondue ou du sang de phoque... L'impériale mission fut un échec, mais aussi une formidable odyssée. L'idée était ambitieuse. Au pôle Sud, l'Angleterre avait été coiffée sur le poteau par le Norvégien Roald Amundsen en 1912. Pour laver l'affront, Shackleton ne voyait qu'une aventure possible, la traversée du continent austral d'ouest en est, de la mer de Weddell à la mer de Ross.

Après avoir appareillé à l'été 1914, l'*Endurance* se retrouva vite prisonnier des glaces et son équipage, naufragé dans les espaces désolés de l'Antarctique. Durant vingt-deux mois, ils durent survivre dans des conditions épouvantables, dérivant sur des bouts de banquise, puis prenant la mer sur de simples canots pour atteindre l'île de l'Éléphant. De là, Shackleton embarqua avec 5 hommes à bord d'une chaloupe pour rejoindre la Géorgie du Sud, quelque 1 500 km plus loin, afin de quérir le secours de baleiniers. Au terme d'une navigation dantesque, un ultime obstacle les attendait. Misérable cordée affamée et frigorifiée, ils durent traverser monts et glaciers. Tous furent sauvés. Ils échouèrent, mais leur victoire fut magnifique. Dans l'adversité glacée, ils triomphèrent des limites physiques et morales qui contraignent leurs semblables. Au-delà de l'incroyable récit, ce livre fait réfléchir sur la nature humaine, quand l'homme se trouve face à l'épreuve. Forcés par les événements, ces rescapés firent l'expérience de l'extrême dépouillement. Ils renouèrent avec les lois naturelles et se prirent parfois à redouter le retour à la civilisation. Ils découvrirent « la rapidité avec laquelle on peut complètement changer de mentalité et s'adapter à l'état le plus primitif ». Et que les hommes les moins encombrés sont ceux qui se donnent le plus de chance de survie.

Professeurs de Cambridge ou pêcheurs du Yorkshire, ces compagnons d'infortune étaient pourtant fort dissemblables. Mais l'aventure commune avait effacé les différences, soudé les contraires. Surtout, ils étaient portés par une figure exceptionnelle de chef. Shackleton possédait les deux qualités indispensables à ceux qui marchent loin : il était audacieux et réfléchi. Le « boss » avait une absolue confiance en lui et ne laissait jamais transparaître le doute. C'était un formidable meneur d'hommes, ne leur demandant rien qu'il n'accomplisse lui-même.

Cet Anglo-Irlandais qui avait trop lu Jules Verne se caractérisait par « son refus d'accepter les obligations de la vie quotidienne et son perpétuel emballement pour des aventures chimériques ». Mais cet idéaliste était aussi très préoccupé par les dividendes matériels qu'il pouvait tirer de la gloire. L'âme humaine est complexe, même chez ceux qui semblent taillés dans le roc.

# Un commando de légende

Des dunes de Normandie aux sables de Somalie. L'histoire a été respectueusement saluée, quand des « commandos Marine » ont mené leur spectaculaire rezzou héliporté contre les pirates du Ponant. Et ce, peu de temps avant un hommage rendu à leurs grands anciens du commando Kieffer par le chef de l'État à Ouistreham, théâtre de leur combat fondateur.

Entre les deux faits d'armes, guère de mesure commune, bien sûr. Guère de rapport entre une poignée de bandits somaliens à capturer et un fol assaut mené sous le feu industriel des batteries allemandes le 6 juin 1944. Et pourtant, il existe une filiation tant dans l'organisation que dans l'esprit entre ces combattants d'élite.

Dès juin 1940, les images d'un futur et nécessaire débarquement allié s'entrechoquent dans les crânes des généraux et décideurs politiques à Londres. Churchill décide la création d'une force d'assaut de 20 000 hommes. L'armée britannique fait le constat de son besoin urgent d'unités légères, très mobiles, capables de mener des actions de renseignement ou de destruction derrière les lignes ennemies. Et ce, des rivages de l'ouest de la France à ceux du nord de la Norvège.

Des unités « commandos » voient le jour. L'appellation est empruntée aux petites unités sud-africaines de la guerre des Boers. Rapidement, le général de Gaulle se dit que les Français doivent en être. Au printemps 1942, il demande à lord Mountbatten la création d'un commando français de 400 hommes. L'enseigne de vaisseau Philippe Kieffer, très impressionné par le raid mené par les commandos anglais sur les îles Lofoten le 4 mars 1941, a défriché le terrain. Les Anglais, tout naturellement, se montrent intéressés par l'apport de commandos connaissant bien les côtes de France, leur relief comme la langue de leurs habitants…

L'affaire est lancée. Kieffer recrute de solides gaillards. Solide, il vaut mieux l'être pour survivre à la terrible formation dispensée dans un lieu devenu mythique, les terres du château d'Achnacarry. Le chef du clan écossais Cameron, sir Donald Walter Cameron of Lochiel, a mis sa propriété perdue au cœur des Highlands à la disposition de la Special Service Brigade. Là, dans un cadre austère et sauvage, sur des milliers d'hectares de lande désertique, de montagnes et de lochs, les commandos alliés se forment. Les Français du groupe Kieffer sont les premiers étrangers à passer par cette nouvelle mecque de l'action spéciale. Mise en ambiance dès l'arrivée : débarqués du train à 17 heures le 28 avril 1942, après une journée de voyage et le ventre creux, les fusiliers marins français sont « invités » par le lieutenant-colonel C.E. Vaughan, patron d'Achnacarry, à rejoindre le camp à pied pour le dîner servi à 20 h 30. S'ensuit une terrible marche forcée de près de 30 km, où les hommes qui s'évanouissent doivent être portés par leurs camarades. L'honneur sera sauf. Les Français franchiront le porche à 20 h 15. Le temps de passer devant les tombes fictives de soldats morts à l'entraînement, avec un petit panneau expliquant comment ils sont morts et la conduite qui aurait pu leur éviter ce triste sort... Ceux qui iront au bout de cet entraînement éprouvant seront prêts à aller ferrailler en enfer. Et l'enfer, c'est le célèbre lord Lovat, patron de la 1re brigade de commandos, qui va leur en montrer le chemin. Les hommes de Kieffer ont été placés sous les ordres de ce général haut en couleur, immortalisé par le film *Le Jour le plus long*, dans ces scènes qui le montrent flanqué d'une estafette jouant de la cornemuse. Gwenn-Aël Bolloré, l'oncle de Vincent, faisait partie des 177.

En ces jours précédant le débarquement, sur les photos d'objectifs qu'on leur donne, malgré le secret maintenu, les « Normands » de Kieffer ont reconnu les lieux, le port d'Ouistreham, le point de débarquement à « La Brêche », le casino de Riva-Bella... « La nouvelle court et les Anglais s'affolent », a raconté Gwenn-Aël Bolloré. Du coup, ces diables de « *Frenchies* » sont parqués, avec interdiction formelle de franchir le périmètre de sécurité. Là, ils attendent le « Jour-J » en repensant au tragique raid mené quelques mois plus tôt en Hollande sur la plage de Wassenaar par les commandos français au cours de laquelle cinq d'entre eux commandés par Charles Trépel ont été tués. Un des cinq commandos Marine actuels porte le nom de Trépel.

Les termes du combat ont été clairement posés, quand Hitler a édicté le 18 octobre 1942 une directive ordonnant d'abattre tous les commandos faits prisonniers. Les Français ont été désignés pour débarquer les premiers sur les côtes de France. Les 177 hommes ont été divisés en deux « *troops* » et une section de mitrailleuses « K-Gun ». Leur objectif premier : le secteur Sword à La Brêche, 500 m à l'ouest de Riva Bella, afin d'établir une tête de pont pour les forces britanniques. Ils toucheront terre à 7 h 55, après que les barges de débarquement anglaises les ont laissés passer en tête. « La terre et la mer semblaient soulevées par un grondement de tonnerre, a relaté Gwenn-Aël Bolloré, obus de mortier, sifflement de bombes, jappements agaçants de mitrailleuses, tout semblait se concentrer sur nous ». Sur les 177 hommes, 10 vont mourir ce jour-là et 27 au cours des semaines suivantes. Après le 6 juin, les commandos vont en effet poursuivre pendant plusieurs semaines leur mission sur le flanc gauche du dispositif britannique. En septembre, ils repartent souffler en Angleterre, avant d'être relancés à l'assaut en Hollande, sur Flessingue et l'île de Walcheren.

La geste des commandos Marine va continuer à s'écrire dans les pages douloureuses des conflits de décolonisation, jusqu'au turbulent théâtre afghan. Jaubert, Trépel, De Penfentenyo, de Montfort, Hubert, les cinq commandos Marine forts chacun de 80 à 100 hommes, portent les noms de soldats tombés en Hollande, en Indochine… Ils forment aujourd'hui la composante « marine » du COS, le Commandement des opérations spéciales. Certains commandos sont spécialisés dans l'assaut-mer, d'autres dans la reconnaissance ou la destruction. Le commando Hubert, et ses nageurs de combat, cultive le savoir-faire si particulier de l'action sous-marine. Pour s'adapter aux combats de demain, les commandos ressentent la nécessité de se doter de capacités nouvelles et très pointues, qu'il s'agisse des transmissions, de l'informatique, de la guerre électronique, des drones…

De leur matrice britannique, les commandos Marine ont gardé un béret « vert anglais » (plus foncé que celui de la Légion…), une coiffure qu'ils sont les seuls de l'armée française à porter inclinée à droite, à l'anglaise… Ils ont conservé aussi la « *British touch* », cette manière d'être si particulière aux soldats de Sa Majesté, qui savent allier avec une élégance inégalable professionnalisme et décontraction. Lors d'un retour aux sources à Achnacarry en 2004, l'amiral Jean Moulin avait rendu un sobre et bel hommage aux hommes de Kieffer, « exceptionnels, simples, mais définitivement différents ».

# Ponant, l'histoire secrète d'une libération

La *Gazelle* est dans son élément. Après avoir rasé les flots émeraude de l'océan Indien, sauté au-dessus de la ligne de rivage, l'hélicoptère d'attaque vole à quelques mètres au-dessus des touffes éparses du désert somalien. Un nuage de poussière signale la trace du véhicule tout-terrain dans lequel s'enfuient six de la douzaine de pirates du Ponant. Le gibier. La cible, pour le tireur d'élite des commandos Marine posté à la portière de l'appareil. Le soldat ajuste sa lunette. Entre ses mains, un fusil McMillan qui peut tirer avec une incroyable précision une munition de 12,7 mm, un calibre de mitrailleuse, à près de 2 000 m. Une arme utilisée pour pulvériser les gros moteurs hors-bord des vedettes go-fast des trafiquants de drogue. Coup au but, et même effet destructeur. Le 4×4 des bandits de la mer n'ira pas plus loin.

Les six pirates tentent de s'égayer dans l'aride nature. Course vaine. Les trois hélicoptères qui ont jailli aux côtés de la *Gazelle* depuis la mer – deux Alouette III et un Panther – se posent et lâchent chacun trois commandos. Ils se saisissent des bandits et de sacs contenant au moins une partie de leur butin. Tout le monde est embarqué à bord du Panther, direction le large et un navire français. Épilogue d'une prise d'otages qui a duré une semaine, l'opération « Thalathine » (« Trente » en langue somalie, comme le nombre d'otages), restera dans les annales. Le scénario aurait pu être écrit par Tom Clancy, mais ce sont des officiers français qui ont tenu la plume…

Tout avait commencé le vendredi 4 avril 2008. En fin de matinée, le téléphone satellite de l'amiral commandant les forces françaises en océan Indien (ALINDIEN, en jargon militaire) sonne dans son PC embarqué à bord du *Var*, navire de commandement qui sillonne la zone. Comme beaucoup de navires, le voilier français, le *Ponant*, a opté pour la procédure de « contrôle naval volontaire », qui consiste à informer régulièrement de sa position, quand on cingle dans les eaux dangereuses de la Corne de l'Afrique. Quand il voit les pirates se hisser à bord du voilier, le capitaine Patrick Marchesseau a le temps d'appeler le *Var* pour donner l'alerte. L'amiral Gérard Valin relaie immédiatement l'information à la Task Force 150, la composante maritime de l'opération alliée antiterroriste « Enduring Freedom ». L'hélicoptère de la frégate canadienne *Charlottetown* décolle et effectue la première reconnaissance, les premières images du bateau piraté.

Entre-temps, à Paris, la nouvelle est tombée sur le téléphone du général Jean-Louis Georgelin. Un peu d'exotisme au milieu des batailles de chiffres des économies budgétaires en préparation… mais le chef d'État-Major des armées (CEMA) ne sourit pas : on sait déjà que l'on n'a pas affaire à de simples pêcheurs que l'occasion a fait larrons, mais bien à un gang de pirates organisé. Direction le centre de planification et de conduite des opérations, enterré sous les bureaux du boulevard Saint-Germain à Paris. Une cellule de crise est mise en place. Dans la salle, les cartes de la Corne de l'Afrique fleurissent au mur. Les toponymes, cap Gardafui, Ras Asir, évoquent Monfreid, les boutres ventrus, les parfums entremêlés d'Afrique et d'Arabie. Mais les petits « mobiles » aux acronymes très militaires que l'on y épingle ont une charge beaucoup moins onirique. Il s'agit notamment de l'aviso *Commandant Bouan*, bâtiment de la Task Force 150 qui a reçu l'ordre de cingler vers le *Ponant*. Distant d'une centaine de milles, il le rallie en quelques heures. Il ne va plus lâcher le trois-mâts.

Dès le samedi, le *Ponant* entre dans les eaux territoriales somaliennes. Les diplomates français ont obtenu des autorités locales, ou de ce qui en tient lieu, un « droit de suite » dans leurs eaux. Le président Abdullahi Yusuf Ahmed l'a accordé. Donnant même son feu vert pour un coup de force éventuel. « Débarrassez-moi de ces types-là », a-t-il lancé. L'Élysée demande d'élargir le spectre des options, y compris celle de l'assaut. Problème, le *Bouan* n'a pas de capacité d'intervention à bord, pas de commandos. Et il file déjà à 700 km de Djibouti. On décide donc d'avoir recours à un parachutage en mer, un « tarpon » dans le langage militaire. Un avion Transall décolle de la base est-africaine française et largue 18 commandos Marine au large de l'île de Socotra pour qu'ils puissent être récupérés par l'aviso français. Les « yeux » du bateau comme ceux de l'avion de patrouille maritime Atlantique 2, qui le survole régulièrement, laissent penser que l'équipage, que l'on voit sortir régulièrement sur le pont, n'est pas sous une menace immédiate. Lundi 7 avril. Le *Ponant* finit par jeter l'ancre à 850 km du lieu de son interception, devant la bourgade de Garaad, sur la côte de la région somalienne du Puntland. Le Puntland, l'ancien royaume du Pount, le mythique pays de la myrrhe et de l'encens, est devenu celui des pirates et trafiquants d'immigrants illégaux. Un rivage plat, le désert en arrière-plan, une poignée de maisons et des barques de pêche sur la plage. Un ravitaillement est organisé. Détail cocasse, les flibustiers du Puntland font monter à bord deux chèvres, pour le lait. Mais des écoutes permettent de se rendre compte que les pirates ne boivent pas que ce sain breuvage. Ils ne dédaignent pas la bouteille, avec à la clé des périodes de moindre vigilance (l'un d'eux serait même passé par-dessus bord…). Un assaut est-il possible dans de bonnes conditions ? Des nageurs de combat du commando Hubert sont envoyés de nuit sous le voilier. Là, ils réalisent que les requins ne sont pas le seul problème, que le courant est très violent. En cas d'assaut, il faudrait d'abord « ventouser » les commandos, ce qui ne facilite pas la tâche…

À Paris, l'Élysée est en ordre de bataille. Une réunion quotidienne a lieu autour du président. Elle réunit le secrétaire général Claude Guéant, l'amiral Guillaud, chef d'état-major particulier, le conseiller diplomatique Jean-David Levitte, le chef d'État-Major des armées, les ministères concernés, Défense, Affaires étrangères surtout. Ses proches disent retrouver en Nicolas Sarkozy l'ancien ministre de l'Intérieur, « dopé » par la crise, au jugement et à la décision rapides. « Laissez-moi faire, j'ai l'habitude... » lance-t-il aux familles des otages qu'il reçoit. « Le président de la République, chef des armées, ce n'était pas qu'une vision des choses », confiera Jean-David Levitte. Nicolas Sarkozy a fixé des « lignes rouges » à toute l'action française : pas de mise en danger de la vie de l'équipage, mais intervention si les pirates entendent séparer les otages ou les transférer à terre. Paris a fait savoir aux pirates que ce serait un *casus belli*. Est seulement accepté que le *Ponant* soit mouillé très près du rivage, à un nautique, les pirates voulant réduire les risques d'interception une fois la rançon remise.

Pour que l'action soit commandée au plus près, le patron des commandos Marine, le jeune amiral Marin Gillier, quitte Lorient pour Djibouti le dimanche. Le lendemain, il est parachuté en mer, à 1 500 km de là, pour monter à bord du *Var*. Le jour suivant, c'est le chef du Groupement d'intervention de la gendarmerie nationale (GIGN), le colonel Denis Favier, qui est lui aussi largué au-dessus des flots. On renforce aussi les capacités d'intervention. De nouveaux commandos spécialisés dans l'assaut à la mer arrivent à bord d'un autre navire de la Marine, la frégate antiaérienne Jean Bart. Le navire-école *Jeanne d'Arc*, qui naviguait entre Madagascar et Djibouti, est aussi détourné, pour apporter son hôpital embarqué et ses hélicoptères, de la Marine comme de l'Armée de terre. Une soixantaine de soldats d'élite, cinquante des commandos Marine et dix du GIGN sont parés. Un accrochage entre les pirates et un clan rival montre que tout peut basculer.

Entre l'armateur, la société CMA CGM et les pirates, le contact s'est établi dès le dimanche 6 avril au soir et les négociations vont bon train. Une cellule de négociation a été mise en place à Marseille. Rodolphe Saadé, fils de l'armateur et alors directeur général de CMA CGM, est conseillé discrètement par des spécialistes de ce type de tractations. L'armateur gère les termes de l'échange, les militaires et les hommes du GIGN les épaulent pour en étudier les conditions, en matière de faisabilité et de sécurité. Les agents de la DGSE ne sont pas loin non plus, en « appui renseignement et négociation ». Ils connaissent bien le terrain pour avoir négocié, en décembre 2007, la libération du journaliste français Gwenlaouen Le Gouil, dans la même Somalie. Mais cette fois-ci, contrairement aux dernières affaires irakiennes ou afghanes, ils ne sont pas en « premier rideau ».

La suite ira très vite. Quand la rançon, qui serait de plus de 2 millions de dollars, est versée aux pirates, les otages sont autorisés à quitter le *Ponant* sur les embarcations du voilier. Ne restent à bord que le capitaine du *Ponant* avec trois pirates. Ceux-ci partis, les commandos Marine montent à bord. L'avion Atlantic 2 qui tourne au-dessus de la scène repère un 4×4 de fuyards. À l'Élysée, Nicolas Sarkozy a donné pour consigne, une fois les otages en sécurité, de tout faire pour intercepter les pirates, « sans usage excessif de la force », mais avec détermination. Depuis son « état-major tactique » du *Jean Bart*, l'amiral Gillier n'hésite pas. Il lance le raid héliporté. Une affaire menée « avec sang-froid, efficacité et mesure », souligne une source militaire. Le 4×4 des pirates aurait ainsi pu aisément être pulvérisé par un missile. D'autres armées n'auraient pas finassé…

L'affaire du *Ponant* ressemble à une formidable démonstration, où toute la panoplie de son savoir-faire a été déployée avec des moyens empruntés à toutes les armées, mer, air, terre. À des milliers de kilomètres de la France, au milieu de nulle part, les militaires ne sont pas fâchés d'avoir montré opportunément qu'ils savent utiliser au mieux les moyens que le contribuable leur fournit.

Voyages au long cours

# Îles Falkland, un bout du monde « *so british* »

En bon marin, Christopher Locke est un peu superstitieux. Il croit aux signes, tout au moins aux appels du destin qui se lisent dans le vent ou dans les veines des vagues. Il avait 17 ans en 1977 et venait d'embarquer sur son premier bateau, le RFA *Olwen*, un navire de la Royal Fleet Auxiliary, la flotte de soutien de la Royal Navy. L'équipage appareille alors pour une mission secrète, dans les latitudes basses de l'Atlantique Sud. Pour dissuader les Argentins d'attaquer les îles Falkland, Londres a décidé d'envoyer une mini-Task Force dans la plus grande discrétion. Des signaux ont alerté. Une équipe de 50 « scientifiques » argentins a débarqué sur l'île Southern Thule et les autorités britanniques craignent que ce ne soit le prélude à une plus large invasion.

L'opération « Journeyman » est lancée. Ces détails n'ont été rendus publics que vingt-huit ans plus tard, en 2005. La flottille comprend à l'époque un sous-marin d'attaque à propulsion nucléaire Dreadnought, deux frégates et deux navires de soutien. « Nous ne savions pas où nous allions. Ce n'est qu'en mer que nous avons réalisé que nous mettions le cap plein sud », se souvient Chris Locke. Cet épisode peu connu a d'ailleurs donné lieu ultérieurement à une polémique. Le patron du Foreign Office de l'époque, lord David Owen, a avancé que si Margaret Thatcher avait réagi aussi vite et fort en 1982, le conflit aurait pu être évité.

Car cinq ans plus tard, c'est la vraie guerre. Et le jeune Chris Locke cingle de nouveau vers le Grand Sud. Il est 3e officier du *Plumleaf*, un autre navire de la RFA dont l'équipage est constitué de Chinois de Hongkong. Après une escale sur l'île de l'Ascension, ils arrivent dans la zone des combats et restent mouillés bien au large. Les navires logistiques sont le nerf de la guerre. « S'ils avaient été plus touchés, l'histoire aurait peut-être pris un cours différent », commente le vétéran. Cette fois-ci encore, il ne met pas le pied à terre… Ce n'est qu'au milieu des années 1990, quand il revient croiser dans les eaux australes, que Chris Locke aborde enfin le rivage. « Dès que j'ai posé le pied sur le sol de ces îles, j'ai su que c'était ici que je voulais vivre, dit-il. C'était tout simplement ma destinée. »

Son attachement à ces terres perdues est renforcé par ses « amis qui sont morts ici ». Du haut des falaises de Bluff Cove, Chris a encore la voix qui flanche quand il montre les lieux des tragiques événements du 8 juin 1982. Ce jour-là, deux navires de la RFA, le *Sir Galahad* et le *Sir Tristram*, sont bombardés par des avions argentins alors qu'ils sont au mouillage. Sur le premier, on relèvera 48 morts quand le second aura 2 membres d'équipage tués. À Fitzroy, au-dessus de la crique dans laquelle furent évacués les blessés, une stèle est dressée. Chris aime y venir, se souvenir, se recueillir. Les eaux infinies de l'Atlantique ont servi de cimetière, le *Galahad* ayant été coulé au large deux semaines plus tard, en tant que « tombe de guerre ».

Les Falkland ne cessent de hanter le marin. En 2012, il y retourne comme capitaine du port militaire, non loin de la grande base militaire de Mount Pleasant, sur l'île est de l'archipel, où stationnent quelque 1 500 soldats. Trois ans plus tard, quand il quitte l'uniforme, il devient le patron du port de Stanley, la capitale des Falkland. Et l'an dernier, quand il a pris sa retraite, le natif de Plymouth n'a pas voulu reprendre le chemin de l'Angleterre. Ces îles, leurs paysages somptueux et leur lumière unique, sont devenues sa terre. Il les arpente en tous sens avec son appareil photo, sa nouvelle passion. Et il préside la branche insulaire de la Royal British Legion, un organisme de bienfaisance qui soutient les vétérans britanniques. Ils sont plusieurs dizaines d'anciens combattants à être venus s'ancrer ici. Avec sa femme Grace, Chris goûte le retrait, une vie qui s'écoule hors du bruit du monde. « On n'aime pas l'instantanéité ici, dit-il, le temps retrouve sa valeur, les relations humaines aussi, dans cette vie communautaire qui n'est pas polluée par les exigences commerciales et le cirque des vanités. »

Les vanités, le vent les emporterait vite si elles avaient le malheur de pousser sur ces rochers. Il souffle presque sans arrêt, ici, conditionnant la vie autant que le soleil.

Les Falkland (Malvinas pour les Argentins) sont un bout de terre unique, archipel aux plus de 750 îles, ancré dans l'Atlantique Sud, à 400 km de la Terre de Feu et 1 200 de la péninsule Antarctique. Surtout, elles sont un petit bout d'Angleterre, à plus de 13 000 km des côtes britanniques. Au West Store, le supermarché de Port Stanley, on trouve les saucisses de Cumberland ou les haricots rouges. Non loin, une cabine téléphonique carmin. Et le monde, on le refait à l'abri des frimas dans les trois ou quatre pubs du lieu, *The Rose Bar*, le *Victory* ou *The Globe Tavern*. À l'aune des paysages et du style de vie, l'illusion est parfaite, on pourrait être quelque part dans le nord de l'Écosse.

Les quelque 3 000 habitants de l'archipel se sentent plus que jamais britanniques. En 2013, lors d'un référendum inédit portant sur la souveraineté de l'archipel, les habitants ont choisi à 99,8 % de rester dans le giron britannique. Même si Stanley comporte une importante communauté d'immigrants du Chili et de Sainte-Hélène, certains insulaires sont les descendants de colons britanniques arrivés il y a huit ou neuf générations. La souveraineté de ces îles s'est jouée au gré des vents qui y ont poussé les navigateurs. Elles changèrent souvent de drapeau et d'appellation. C'est Amerigo Vespucci qui les découvre le premier au début du XVI^e^ siècle, avant que des navigateurs portugais et espagnols les reconnaissent, puis que le marin anglais John Davis ne leur donne son nom. En l'an 1600, c'est au tour des Hollandais d'y accoster. À la fin du XVII^e^, un explorateur anglais les baptise de leur nom actuel, en l'honneur du vicomte de Falkland, une petite ville d'Écosse.

Les Malouines auraient pu être françaises. Des pêcheurs de Saint-Malo furent les premiers habitants réguliers de ces îles, d'où ce nom que leur donna le navigateur français Louis-Antoine de Bougainville quand il les aborda en 1764. Au fond d'une baie située à deux heures de route au nord de Port Stanley, on peut voir encore les vestiges de l'établissement de Port Saint-Louis, appelé aujourd'hui Port-Louis. Trois ans plus tard, l'archipel passe sous souveraineté espagnole. L'Espagne et le Royaume-Uni vont alors s'en disputer la propriété, avant que Londres n'en prenne le contrôle à partir de 1833 et y installe progressivement des colons.

À l'indépendance de 1816, l'Argentine se proclame héritière de la souveraineté espagnole sur les Malouines, si proches de ses côtes… Une revendication qui va mener aux tragiques événements de 1982. Le 2 avril de cette année-là, le général Leopoldo Galtieri, chef de la junte argentine, lance une opération pour « reprendre » par surprise les îles Malouines et ainsi assurer son maintien au pouvoir. Sa double erreur est de tabler sur un soutien passif des États-Unis et l'inaction de Londres. Margaret Thatcher, elle-même en difficulté sur la scène intérieure, envoie une armada. Dans les vents glacés de l'hiver austral, les combats sont violents. Ils font 649 morts dans les rangs argentins et 255 tués dans le corps expéditionnaire britannique. La reddition a lieu le 14 juin, Galtieri démissionne trois jours plus tard. L'aventure a été d'autant plus absurde qu'en faisant preuve de patience, les Argentins auraient peut-être « récupéré » les Malouines sans grabuge. Des discussions discrètes avaient eu lieu dans les années 1970 et Londres ne s'arc-boutait pas sur ces îles. La guerre a tout changé... Aujourd'hui, la revendication des Malouines est toujours gravée dans la Constitution argentine.

Même si l'on ne craint guère un coup de force, cette revendication continue à jeter une ombre, comme un nuage d'altitude planant sur ces îles. « Cela ne m'obsède pas, mais je ne fais aucune confiance aux Argentins », confie Matthew MacMallan, fermier installé au nord-ouest d'East Falkland. Deux chasseurs bombardiers Typhoon passent à basse altitude, dans un rugissement de réacteurs qui déchire la paix des lieux. « J'aime les entendre, dit-il, c'est la garantie de notre liberté. » Cette liberté, sa famille en connaît le prix. Né le 21 décembre 1981, Matthew est âgé de quatre mois quand, dans le petit bourg de Goose Green, les Argentins enferment pour un mois ses parents avec une centaine d'autres habitants dans la salle communale. Il montre une célèbre photo où on le voit, bébé, au milieu des reclus... C'est à Goose Green qu'aura lieu une des batailles décisives du conflit.

D'une famille originaire d'Irlande du Nord, Matthew a un temps essayé de vivre au Royaume-Uni, s'installant comme mécanicien dix-huit mois à Birmingham. Mais il est vite revenu « au pays », dans les îles. Aujourd'hui, sa ferme de Kingsford Valley s'étend sur 10 000 hectares bordant la baie de San Carlos, principal point de débarquement des forces britanniques en 1982. Le bras de mer y a été nommé « l'allée des bombes », en raison des multiples attaques d'avions argentins contre les bâtiments de la Navy. Il vit seul dans sa bâtisse, avec ses quatre Land Rover et ses 4 000 moutons. « C'est parfois rude, mais je ne pourrais vivre ailleurs, dit-il. Il y a tout ici, l'indépendance, le calme, le silence. »

Cette vie est celle de nombre d'habitants de l'archipel, l'élevage de moutons ayant été longtemps la principale source de revenus des Falkland. Quand on traverse le bras de mer, goûté par les baleines, pour gagner l'autre grande île de West Falkland, très peu peuplée, le petit ferry vous débarque à Port Howard. Nichée au fond d'un fjord, la ferme est la plus grosse implantation privée, avec quelque 90 000 hectares où paissent 40 000 moutons. Myles Lee et son frère Christopher – longtemps tondeur – l'ont rachetée en 2004, et 22 personnes vivent aujourd'hui sur l'établissement qui compte une petite épicerie et une école avec une professeure permanente. L'isolement n'empêche pas d'être dans le vent. « Depuis un an, nous fonctionnons avec 93 % d'énergies renouvelables, 60 % venant de l'éolien et 40 du solaire », explique fièrement Karen, l'épouse de Myles. « Nous avons une qualité de laine à peu près similaire à celle de l'Australie ou de la Nouvelle-Zélande, explique ce dernier. En ce moment, c'est un peu compliqué, car normalement nos balles partent vers Hambourg, puis la Tchéquie et la Moldavie. Mais avec la COVID et la guerre en Ukraine, nous vendons en Uruguay et les tarifs ne sont pas les mêmes… »

La pandémie n'a pas rapproché les Falkland du reste du monde. D'ordinaire, on peut les rejoindre en vol civil, via le Chili. L'Argentine, à soixante-quinze minutes de vol, serait tellement plus pratique, mais c'est impensable politiquement. Le virus a tué la voie chilienne et, pour le moment, la seule façon de rejoindre l'archipel est d'embarquer sur un avion de la Royal Air Force décollant d'une base près d'Oxford, quelque dix-huit heures de voyage avec une étape à Dakar pour ravitailler. Le tourisme, en plein essor, est gelé. Environ 60 000 touristes ont visité l'archipel en 2019, principalement sur de gros bateaux de croisière même si un tourisme de niche se développe. « Il y a une faune incroyable, c'est le seul endroit au monde où l'on peut voir cinq espèces de manchots », explique Esther Bertram, qui dirige l'ONG Falklands Conservation.

Depuis la demeure de Government House, qui possède tout le charme anglais transporté au bout du monde, le gouverneur des Falkland, Nigel Phillips, est bien placé pour voir le chemin parcouru depuis 1982. « Quarante ans plus tard, les îles ont été totalement transformées, dit le diplomate, ancien de la Royal Air Force. Avant la guerre, la population était même en déclin, à moins de 2 000 personnes. Le conflit a été un catalyseur qui a débouché sur des changements majeurs et un réel développement. » Un rapport sur les perspectives économiques des îles, commandé à lord Shackleton en 1976, est alors ressorti des étagères. Il préconise de donner la propriété des terres aux locaux, de construire des routes, de développer le tourisme et la recherche pétrolière. Et, surtout, de s'intéresser au potentiel halieutique. « Avant, la pêche n'était absolument pas régulée dans cette partie du monde », explique Andrea Clausen, patronne du département des pêches. En 1987, une zone de protection des ressources maritimes de 150 milles nautiques, ensuite étendue à 200 milles, est créée. Jusqu'ici, l'agriculture était la principale ressource de l'archipel. « Il y avait la laine et les timbres, c'était tout… commente Andrea Clausen. Nous étions des fermiers, pas des marins, il nous a fallu apprendre. »

Désormais, 60 % du PIB des Falkland provient de la pêche, les sommes étant levées par des droits d'accès et par des taxes. Une grosse centaine de bateaux asiatiques – coréens et taïwanais, ces derniers ayant remplacé les japonais – viennent pêcher l'*Illex argentinus*, un type de calamar migrant du Brésil. Une autre espèce de calamar, le *Loligo*, est pêchée par des bateaux battant pavillon des Falkland. « En France, en Italie ou en Espagne, quand vous commandez du calamar, il y a de très fortes chances qu'il vienne de nos eaux », dit Andrea Clausen. Le Brexit n'est pas une bonne affaire, imposant des taxes qui réduisent les profits. Elle déplore aussi qu'il n'y ait pas d'organisation régionale de gestion de pêche. Une flotte de près de 500 bateaux chinois écume ainsi la région, sans grand souci de préservation de la ressource… « On devrait travailler avec les Argentins, dit-elle, mais si nous avons échangé des données et même coordonné des missions scientifiques entre 2016 et 2019, il n'y a plus aucun contact avec l'actuel gouvernement. »

Teslyn Barkman se désole de cette tension qui perdure avec l'Argentine. « C'est plus de la déception que de l'inquiétude, confie celle qui est l'une des huit membres de l'Assemblée législative locale. Il est pénible de vivre à côté d'un pays qui passe son temps à tenter de monter le monde contre vous. C'est du harcèlement. Et c'est comme si nous vivions en permanence sous un régime de sanctions. » Elle cite l'interdiction de survol pour les avions à destination des Falkland ou une loi pour que les bateaux qui viennent ici ne puissent relâcher dans les ports argentins.

Le gouverneur regrette aussi la guérilla diplomatique menée par le gouvernement de Buenos Aires. « C'est très frustrant de ne pas arriver à une normalisation, alors que des relations économiques et commerciales seraient pour le plus grand bénéfice de tout le monde », regrette Nigel Phillips. D'autant que maintenant que les Britanniques ont payé le prix du sang pour que l'Union Jack flotte dans le vent austral, on les voit mal amener un jour le drapeau.

# Gibraltar, des Colonnes d'Hercule plus que jamais stratégiques

Elles marquaient les limites du monde connu. Au-delà, c'étaient des océans dangereux et des terres non civilisées. Pour les peuples du *Mare nostrum*, les Colonnes d'Hercule symbolisèrent longtemps une porte extrême, dans la direction où le soleil se couche. Elles étaient plantées de part et d'autre du détroit, entre Europe et Afrique. Sur la rive européenne, le mont Calpe, aujourd'hui le rocher de Gibraltar ; sur la rive africaine, le mont Abyla (« montagne aux singes »), désormais le djebel Musa, en terre marocaine.

La mythologie veut qu'Hercule, pour le dixième de ses douze travaux, ait dû ravir au géant Géryon son troupeau de bœufs paissant au bord de l'océan pour l'amener à Eurysthée. Après avoir fait chemin sur les rivages de Libye, Hercule passa sur la rive européenne et accomplit sa tâche. Il bâtit des digues pour resserrer le passage et faire barrage aux monstres atlantiques, puis éleva deux colonnes pour commémorer son exploit. Une autre version de la légende raconte qu'une seule et même montagne occupait alors la région et qu'Hercule, de sa force, la divisa en deux, ouvrant un passage entre l'Atlantique et la Méditerranée. Comme pour l'Atlantide et tant d'autres mythes, il y a toutefois débat sur les lieux, certains plaçant les Colonnes d'Hercule plus à l'est, au niveau du canal de Sicile, là où l'île italienne et la Tunisie tendent l'une vers l'autre. Cela ne les empêche pas de figurer sur les armoiries du royaume d'Espagne avec la fameuse devise « *Plus ultra* » (« toujours plus au-delà »). C'est après la conquête musulmane que le détroit prit le nom de Gibraltar. Le mot viendrait de l'arabe « djebel al-Tariq », du nom du guerrier Tariq ben-Ziyad, qui prit pied sur le rocher au début du VIII^e siècle.

Aujourd'hui, les « monstres marins » franchissent chaque année le détroit par dizaines de milliers. Gibraltar est l'un des grands passages maritimes mondiaux. Quelque 100 000 bateaux y naviguent chaque année, les deux tiers environ d'est en ouest ou l'inverse, le reste entre l'Afrique et l'Europe. Quatre ports s'y pressent dans le même environnement : Algésiras, en Espagne; Gibraltar (sous drapeau britannique); Ceuta, dans l'enclave espagnole ; et Tanger Med, au Maroc. On peut y ajouter l'ancien port de Tanger, mais il n'a plus guère qu'une vocation touristique. Ils ont tous une intense activité industrielle et commerciale, Algésiras et Tanger Med alignant même de gros terminaux pour conteneurs. Tous aussi sont très actifs pour le ravitaillement en fuel des navires. « Gibraltar est le plus gros pourvoyeur de fuel de tous les ports de la Méditerranée, explique John Ghio, capitaine en second du port de Gibraltar, et nous sommes même sur ce registre le troisième d'Europe, derrière Amsterdam et Anvers, et le septième du monde. » Des chiffres qui donnent la mesure du trafic dans le détroit. Le port du « Rocher » s'est spécialisé dans les services et le ravitaillement des navires qui viennent se mettre au mouillage dans sa partie ouest. Selon leur taille, la zone de mouillage peut en accueillir quatorze en même temps et une grosse vingtaine par jour à l'aune de la rapidité des ravitaillements. Ces bateaux vont du pétrolier au gros bateau de croisière en passant par les cargos généraux.

Depuis la fin du XVIIIe siècle et jusqu'à la convention des Nations unies sur le droit de la mer, il était majoritairement admis que les eaux territoriales s'étendent jusqu'à 3 milles marins des côtes, ce qui n'avait aucun effet sur le détroit de Gibraltar, large de 6 milles marins dans sa partie la plus étroite. Depuis 1982, cette délimitation est passée à 12 milles, signant la fin d'un « corridor de haute mer » à Gibraltar et imposant de traverser les eaux territoriales de certains États. « Le problème se corse avec les revendications croisées et les conflits de souveraineté de la zone », souligne Jamie Trinidad, de l'université de Cambridge. Ainsi le Maroc ne reconnaît pas la tutelle espagnole sur Ceuta. L'Espagne, elle, nie tout droit à des eaux territoriales au Royaume-Uni. « Les problèmes sont réduits grâce au droit international, la convention garantissant un "droit de passage en transit" pour un navire dans un détroit tant que son passage se fait en continu et rapidement, dit Jamie Trinidad. Les choses peuvent se compliquer face à des questions de pollution ou d'accident maritime. » En revanche, et malgré ces disputes, la coopération entre les différentes forces de sécurité locales fonctionne plutôt bien face aux trafiquants de drogue ou passeurs de migrants. Devant l'ennemi commun, les riverains se retrouvent.

Le trafic de drogue est l'un des grands fléaux du détroit. La région sert de plaque tournante au trafic de haschich en provenance du Maroc. « La tâche est rude, car, dès que l'on démantèle un réseau, un autre naît immédiatement derrière, raconte le colonel Francisco Almansa, chef de la Guardia Civil pour le Campo de Gibraltar, avec un quartier général basé à Algésiras. Et puis, ajoute-t-il, c'est une véritable façon de vivre ici. Nous avons affaire à des gens qui ont fait cela toute leur vie, et leurs aînés avant eux. La contrebande se transmet de père en fils… » La tradition cède toutefois du terrain à des modes d'action de plus en plus violents, reconnaît l'officier. Acheminé souvent par des bateaux rapides, avec parfois plus de 3 tonnes en une cargaison, le haschich est transféré dans de puissants 4×4 qui n'hésitent plus à foncer sur les véhicules des forces de l'ordre quand ils sont repérés.

Il y a aussi la cocaïne, venue d'Amérique du Sud et transitant souvent par l'Afrique de l'Ouest. Elle arrive dans des camions ou des conteneurs débarqués dans le port d'Algésiras. « Là encore, la riposte est difficile, dit le colonel Francisco Almansa. Algésiras est le premier port d'Espagne et le septième d'Europe, ce qui donne une idée du trafic. Il est impossible de contrôler tous les conteneurs. Nous devons agir sur renseignement, en collaboration avec des services étrangers et en enquêtant en amont sur les sociétés afin de déceler celles qui sont douteuses ou créées pour le trafic. » Les autres défis de la Guardia Civil sont la contrefaçon de cigarettes et l'immigration clandestine. Sur ce dernier volet, l'année est plus calme que les précédentes, « même si on ne sait jamais ce qui peut soudain se passer, comme l'histoire l'a montré ». Quand la météo est bonne, certains migrants vont jusqu'à tenter la traversée sur des pneumatiques de plage. Si la région de Tarifa voit moins de tentatives aujourd'hui, c'est que ces temps-ci les passeurs préfèrent aborder la côte espagnole du côté d'Almería.

Les enjeux du détroit sont aussi stratégiques. Depuis sa conquête, en 1704, Gibraltar a toujours été pour la Grande-Bretagne une base pour la projection de sa puissance en Méditerranée et une étape essentielle sur la route vers l'Orient. De manière à la fois symbolique et concrète, Gibraltar était un étendard de la suprématie navale britannique.

Durant la seconde guerre mondiale, Londres forme la Force H, destinée à remplacer la puissance navale française en Méditerranée après l'invasion allemande et la tragique attaque de Mers el-Kébir. Les navires anglais basés à Gibraltar assurent la protection de l'accès à Malte et bataillent avec la flotte italienne. Ils sont aussi engagés contre la Marine allemande sur l'Atlantique. Quand l'opération « Torch » est déclenchée contre l'Afrikakorps de Rommel, la Force H joue un rôle important pour empêcher que les troupes allemandes ne soient ravitaillées par la Tunisie.

Pendant la guerre froide, Gibraltar joue un rôle de point d'appui pour l'OTAN. Londres apporte aux alliés un lieu stratégique commandant l'entrée de la Méditerranée. À l'époque, dans l'éventualité d'une fermeture du canal de Suez, le détroit aurait été la seule voie possible pour entrer ou sortir de Méditerranée. Une réalité toujours d'actualité. Pour l'armée britannique, Gibraltar reste une importante base logistique et de renseignement, qui présente l'avantage immense d'être sur un territoire souverain où les Britanniques n'ont d'autorisation à demander à personne, à la différence des bases « hébergées ». D'un côté, il y a la piste aérienne, les installations portuaires et les installations de stockage de munitions, qui permettent d'alimenter en torpilles ou en missiles de croisière les sous-marins. De l'autre, il y a les stations radars et d'écoute qui surveillent les navires dans le cadre de la lutte contre la prolifération. Surtout, il y a le transit des sous-marins russes vers la Méditerranée orientale ou la mer Noire, que des systèmes immergés dans le détroit aident à détecter.

Dans le futur, le contrôle des points de passage obligés des grandes routes maritimes sera un enjeu clé dans le jeu des puissances. Il est ainsi fascinant de voir comment la stratégie chinoise se calque sur celle pratiquée depuis si longtemps par la Grande-Bretagne, avec le même mélange d'intérêts commerciaux et militaires. Depuis Singapour, les points d'appui anglais s'égrenaient jusqu'à Gibraltar, en passant par Ceylan, Oman ou Chypre. Avec sa politique du « collier de perles », consistant à s'assurer des facilités portuaires de la mer de Chine jusqu'aux zones d'approvisionnement en hydrocarbures du Moyen-Orient, Pékin chausse les bottes de mer anglaises. Son collier se prolonge jusqu'en Europe, avec notamment un pied posé, par le biais de prises de participations ou de partenariats, dans des ports d'Égypte, de Grèce et d'Italie. Mais les Chinois s'intéressent aussi de près au débouché de l'Atlantique, en posant des jalons dans les ports algériens de Cherchell et de Mers el-Kébir.

## Saint-Pierre-et-Miquelon, morceau de France libre en Amérique du Nord

Cette année-là, elle n'aura pas discrètement rectifié sa position quand retentit *La Marseillaise* devant la croix de Lorraine plantée sur la colline qui domine Saint-Pierre. Là où les vents atlantiques se sont mêlés à ceux de l'histoire. Augusta Lehuenen est partie un 6 juin 2018, à l'âge de 96 ans. Avec elle, c'est un pan de la geste de l'archipel qui s'en est allé.

Augusta était la dernière survivante des 57 femmes de Saint-Pierre-et-Miquelon engagées dans les Forces navales françaises libres (FNFL) durant la seconde guerre mondiale. Ce petit bout de femme, vive et acerbe, se faisait une joie d'accueillir Renaud Muselier, pour une cérémonie marquant la libération des îles par son grand-père. De cet épisode, elle avait tiré un livre, *Un amiral dans nos îles*[1]. Cette grande dame était à la fois si îlienne et si française…

Elle descendait de « pieds-rouges », des pêcheurs du mont Saint-Michel dont les pieds nus prenaient une teinte

1. Augusta Lehuenen, *Un amiral dans nos îles*, Gescom, 1992.

brunâtre quand ils cherchaient les coquillages sur la grève. Le drapeau de l'archipel porte les armes des trois régions de France dont sont originaires la plupart des habitants : des Bretons, des Normands et des Basques, auxquels il faut ajouter une communauté d'Acadiens, des paysans chassés de la Nouvelle-France. Engagée à l'âge de 20 ans, en 1942, Augusta avait été affectée aux transmissions avant de partir plus tard pour l'Angleterre et la France.

La geste des « marins libres » a commencé dans un salon vide et poussiéreux de St Stephen's House donnant sur la Tamise, le 3 juillet 1940. L'amiral Muselier lève une armée encore imaginaire. La veille, de Gaulle lui a donné son feu vert pour créer une composante navale. Le marin dispose juste d'une poignée d'hommes et d'une immense volonté. « Dès les débuts de la France libre, la question de Saint-Pierre-et-Miquelon est posée, rappelle Luc-Antoine Lenoir. Les raisons d'intégrer l'archipel sont nombreuses. » En mai 1940, douze chalutiers y ont trouvé refuge avec un millier de marins, autant de recrues potentielles. Sans compter la population de l'île, plutôt amarinée… De plus, la position géographique des îles en fait une base idéale, dans les opérations de protection des convois venus des États-Unis. Enfin, ce ralliement serait un symbole de plus dans la marche vers la souveraineté.

Mais ni Londres ni Washington ne voient l'affaire d'un très bon œil. De Gaulle décide de forcer les choses. Et Muselier appareille de Terre-Neuve avec les trois corvettes

*Aconit*, *Mimosa* et *Alysse*, accompagnées du grand sous-marin *Surcouf*. Le débarquement s'effectue au port de Saint-Pierre dans la nuit du 23 au 24 décembre. Pas un coup de feu n'est tiré, et le ralliement est approuvé par référendum à une écrasante majorité.

Dans les rues de Saint-Pierre, on arrête sans cesse Renaud Muselier. Ici, c'est le petit-fils d'un homme qui avait rejoint « l'Amiral ». Là, la fille d'une volontaire. Jusqu'au steward, dans l'avion, qui confie au président de la région Sud que son grand-père s'était placé sous les ordres du sien et est mort à bord du *Mimosa*, torpillé par un U-Boot le 9 juin 1942, au cours d'une escorte de convoi.

À la Maison des combattants, c'est un vieux monsieur de 96 ans qui tombe dans les bras du Marseillais. Maintien impeccable, digne moustache, Eugène Théault a la mémoire et l'humour alertes. Embarqué en 1943, à l'âge de 22 ans, sur une vedette prêtée aux FNFL par les Canadiens, il patrouille de Saint-Jean de Terre-Neuve jusqu'à l'entrée du Saint-Laurent. « On traquait les sous-marins allemands qui venaient poser des mines », raconte-t-il. Celle qui allait devenir sa femme, Madeleine Cormier, s'est elle aussi engagée dans les FNFL à l'âge de 18 ans. Elle est morte il y a quatre ans, en 2014.

La figure de l'amiral Muselier a, de toute évidence, marqué son petit-fils, qui lui a consacré un livre. « Il est mort quand j'avais huit ans. J'ai le souvenir d'un homme à la fois très dur et très aimant, se souvient Renaud Muselier. C'était un corsaire, un vrai guerrier qui a toujours servi la France et la liberté. Y compris la liberté d'expression dans son armée, car c'était un vrai rebelle... » Cette idée de liberté dans la loyauté ne déplaît visiblement pas à l'ancien ministre... Renaud Muselier, toutefois, n'avait pas fait le long voyage vers l'archipel pour la seule évocation du passé, mais pour l'aider à se construire un avenir.

Ces terres, vraisemblablement celles que le navigateur portugais baptisa du nom évocateur d'archipel des Onze Mille Vierges, connurent une existence souvent tragique, toujours difficile. En ce début du XVIe siècle, les pêcheurs d'Europe fréquentaient déjà ces eaux de l'Atlantique Nord depuis quelques lunes. Après la pêche baleinière, celle de la morue prend son essor. De Saint-Malo, de Granville, des ports basques, les terre-neuvas affluent. On va à terre pour travailler le poisson avant de réembarquer la saison terminée. Et, un jour, certains décidèrent de rester... L'archipel n'échappa pas à la grande rivalité maritime entre la France et l'Angleterre et passa de main en main plusieurs fois, au gré des guerres et des traités de paix.

Surtout, les îles durent se relever de plusieurs coups durs. Elles vivent en effet une période faste aux temps de la prohibition. Aux portes de l'Amérique, la colonie française n'est pas concernée par le Volstead Act de 1919... Elle devient une formidable plaque tournante pour tous les trafics d'alcool, whisky, champagne, cognac et autres vins français.

Les bouteilles interdites sont acheminées sur les côtes américaines et canadiennes par des goélettes ou des vedettes rapides, les « *rum runners* ». C'est la folle époque des « *bootleggers* » (ceux qui cachent une bouteille dans leur botte). On estime que plus de 300 000 caisses transitent chaque année par l'archipel. Leur bois sert à construire des maisons, dont la villa Cutty Sark, réalisées avec des caisses frappées de la fameuse marque. De véritables fortunes se font. Toute la population vit de cette sulfureuse rente. « Il n'y avait que les bonnes sœurs qui ne trafiquaient pas de l'alcool, s'amuse Eugène Théault, et encore… » La fin de la prohibition, en 1933, est un désastre économique.

L'autre catastrophe s'est produite à New York, un jour de 1992. Depuis la fin des années 1970, les zones de pêche étaient l'objet d'un incessant conflit entre la France et le Canada. Il culmine en 1988 avec l'arraisonnement du chalutier *Croix de Lorraine* par les Canadiens. Un arbitrage international est sollicité. Le jugement de 1992 limite la zone économique exclusive française à 12 nautiques, avec en sus un étrange corridor de 200 nautiques de long et 10 de large.

« À la grande époque, un arrêté spécial permettait aux fonctionnaires de travailler en plus dans le poisson, tellement on manquait de main-d'œuvre », raconte Jacqueline André. Les rues ventées de Saint-Pierre grouillaient de marins de toutes nationalités, des Français, bien sûr, mais aussi des Espagnols, des Portugais, des Allemands, et même des Japonais ou des Coréens. Aujourd'hui, l'activité pêche s'est effondrée, passant de 25 % à 2 % du PIB. La commande publique a compensé ce déclin, mais cela n'est pas tenable et il faut trouver autre chose.

« La priorité est de s'ouvrir, de se désenclaver, créer de nouvelles richesses en développant le tourisme durable », explique Stéphane Lenormand, président du Conseil territorial. Les îles sont d'une sauvage beauté et abritent la seule forêt boréale du territoire français. Sur Langlade, des cerfs de Virginie peuplent les forêts de conifères. L'île communique depuis le XVIII^e avec Miquelon par un isthme de sable que l'on dit formé grâce aux épaves de bateaux de naufragés... Des chevaux sauvages y gambadent tandis que des centaines de phoques s'ébrouent dans le Grand Barachois, étonnante étendue d'eau d'un millier d'hectares qui communique avec la mer. « Nous avons en commun la volonté de développer nos territoires en nous appuyant sur l'environnement, la mer, la biodiversité, confie Renaud Muselier. Il faut créer des cercles vertueux autour de cette thématique, créatrice d'emplois. » Ce voyage lui a permis de signer deux conventions, pour transmettre du savoir-faire et offrir des relais européens à l'archipel. Et d'inaugurer la Maison de la nature et de l'environnement de Miquelon, bel outil pédagogique né grâce à des fonds de l'Europe.

Le président de la région Sud était aussi là pour un moment qui compte dans un monde insulaire : le baptême de deux ferries flambant neufs, le *Nordet* et le *Suroît*. De belles unités qui peuvent accueillir 200 passagers, du fret et des voitures. Les deux bateaux renforceront les liaisons entre les îles. « De quoi atténuer la double insularité de Miquelon (700 habitants), par rapport à Saint-Pierre (6 000 habitants) d'abord et par rapport au continent ensuite », explique Danièle Gaspard, la maire de Miquelon. Ils relieront surtout les îles à Fortuna, dans la province canadienne de Terre-Neuve, soit quelque 25 nautiques parcourus en une heure et demie de mer. L'archipel voudrait attirer une partie des touristes canadiens et américains qui visitent Terre-Neuve, en leur proposant une extension insulaire sous le signe de la « *French Touch* ». Et, pour séduire les visiteurs de Métropole, une liaison aérienne directe entre Paris et la « seule terre française d'Amérique du Nord » est aussi testée l'été 2014.

Avec fougue, la maire de Saint-Pierre, Karine Claireaux, propose aussi de promouvoir la « nordicité » de l'archipel et de développer son savoir-faire dans les « solutions et la recherche en climats froids ». Pour cette passionnée de mer, la France doit se tourner vers les océans, vers la « croissance bleue ». Avec ces littoraux et ces îles réparties sur toutes les longitudes, n'est-elle pas elle-même un vaste archipel ?

# Birmanie, l'archipel du mystère

Notre monde fini recèle encore peu d'endroits où les cartes marines pèchent poétiquement par leur imprécision. Des espaces où la mer n'est pas connue dans le moindre pli de ses vagues. L'homme n'y sait pas tout. Les écrans des GPS n'ont pas tué le frisson de l'incertitude et l'on y navigue encore, les sens en éveil. L'archipel des Mergui est l'un de ces lieux rares qui reposent de temps où l'on veut trop voir et tout comprendre. Ce mystère préservé des portulans fait sourire Nicolas, heureux capitaine d'un voilier de belle race.

Le jeune pacha du *Raja Laut* croise depuis quelques mois dans ces eaux de Birmanie. « Combien de fois avons-nous jeté l'ancre, quand la carte nous plaçait au beau milieu d'une île ! », raconte-t-il. Il y a ces roches émergées, non signalées. Et ces épaves de bateaux coulés, dont les étraves semblent remonter des bas fonds de l'histoire. Récemment, un pêcheur a levé dans ses filets des pièces d'un vapeur coulé lors de la première guerre mondiale. Un navire marchand de la British-India Steam Navigation Company, croit-on savoir. Des reliques qui témoignent qu'aux temps plus lents de la route des épices, ces eaux furent fréquentées. Mais que l'on se rassure, les skippers de Burma Boating connaissent ces eaux comme la poche de leur short.

Ce coin de mer birmane semble avoir été le jouet d'un dieu taquin qui aurait jeté d'en haut des poignées de graviers sur les eaux claires. De ce geste ancien subsiste une constellation de roches brunes coiffées par des grands arbres, festonnées de plages éblouissantes. Plus de 800 îles, saupoudrées en mer d'Andaman, sur 400 km. Il a beau avoir dans son sillage des milliers de nautiques, Nicolas s'émerveille toujours de « cette multitude d'îles concentrées sur un territoire maritime restreint ». « Ces paysages sont de nulle part ailleurs, avec ces roches non volcaniques aux formes érodées, confie le skipper sud-africain. Et puis, l'endroit est encore si sauvage, pour s'être tout juste ouvert aux visiteurs étrangers… » On est ici à quelques bords des côtes de Thaïlande, et pourtant bien loin de toute frénésie touristique. Aux Mergui, le voyageur a encore l'impression de découvrir.

L'éloignement et la junte des généraux de Rangoun se sont longtemps conjugués pour fermer la région aux influences du monde. Il n'y avait ici que des autochtones et des soldats. Les portes marines ne se sont ouvertes qu'en 1997 aux pêcheurs de Birmanie. Puis, très progressivement, aux étrangers. Depuis, cet archipel oublié fait figure de nouvelle frontière du tourisme asiatique. Une frontière encore assez tranquille, puisqu'ils ne sont guère plus de 3 000 à avoir visité ces eaux l'année dernière. L'infrastructure hôtelière est encore proche du néant.

Et, à terre, les conditions de séjour sont toujours très encadrées par les autorités birmanes. Le voyageur qui n'est pas embarqué ne peut s'éloigner de plus de 5 km de la ville de Kawthaung, le point d'entrée dans l'archipel, à quelques tours d'hélice de la côte thaïlandaise.

La croisière reste la voie royale. Burma Boating est un pionnier dans ces eaux vierges. « Avec des amis, nous avions affrété un voilier pour aller aux îles Andaman, qui appartiennent à l'Inde, mais nous étions beaucoup de journalistes à bord, et il y avait des problèmes pour les visas, à l'époque, raconte Janis Vougioukas, un des cofondateurs du croisiériste d'exception. Alors, nous avons décidé, à la dernière minute, de cingler depuis la Thaïlande vers les Mergui, dont nous ne savions pas grand-chose. Nous avons été éblouis par la beauté intacte de l'archipel et ce, à trois ou quatre heures de Phuket. Et nous avons créé Burma Boating. »

On n'embarque pas à bord des voiliers croisant dans ces îles perdues comme sur une jetée léchée de contrées apprivoisées. Si l'on vient de Bangkok, il a fallu se poser sur le petit aéroport de Ranong, à une heure et demie de vol de la vibrionnante capitale thaïlandaise. L'un de ces étranges tarmacs qui semblent faits pour voir débarquer des grands voyageurs comme Peter Fleming ou des troupes en conquête. L'avion atterrit au milieu de molles collines nappées de jungle. Autour, rien. La porte, une fois ouverte, s'engouffrent les effluves de l'Ailleurs, et l'on respire déjà différemment. Cela sent les feuilles, la terre, la chaleur, les possibles…

Une potion forte pour nos sens tempérés d'Occidentaux. Le passage de la frontière se fait sur un long *tail boat*, un de ces esquifs d'Asie, de forme effilée, poussés par un moteur de voiture, dont la toux rauque résonne loin sur l'eau. Auparavant, les formalités douanières ont été bouclées dans un baraquement posé au bout d'un quai agité. Dans un éblouissement de soleil s'échangent dans un joyeux tumulte ce que donne la mer et ce que produit la terre. Nul vernis sur les planches, la vie brute. De l'autre côté, à Kawthang, sur le débarcadère, une pancarte écrite en birman et dans un anglais hasardeux témoigne naïvement de la récente apparition de la gent touristique : « *Warmly welcome and take care of the tourists.* » Bienvenue dans la Birmanie des marges maritimes.

Les Mergui ne resteront pas toujours en marge des cartes des tour-opérateurs. En longeant une île, un marin du bord montre un débarcadère qui s'allonge dans la mer comme un bras sorti de la forêt. À la jumelle, on distingue deux gardes qui s'abritent du soleil en cette heure méridienne. « L'île appartient à Tay Za », dit l'homme d'équipage. Tay Za est l'un des plus gros « tycoons » du pays. Sa proximité avec les généraux birmans a fait sa fortune. On lui prête l'intention de construire ici un resort de luxe. La courbe de la baie qui se découvre une fois un cap passé laisse entrevoir qu'il a bien choisi son endroit. À bord du *Raja Laut*, la plupart des marins sont indonésiens. Ils s'y connaissent donc en terres disséminées parmi les eaux, mais les Mergui arrivent à les surprendre. « Je pense qu'il y a des paysages aussi beaux, et même parfois plus beaux, ailleurs, dit Nai-Nai, qui navigue depuis douze ans, mais je n'ai jamais ressenti cette impression de terres isolées. Regardez, nous ne croisons personne, sauf des bateaux de pêche. Et puis, il y a cette biodiversité intacte. » Au fil des jours et des milles, les îles s'égrènent, comme un chapelet de teck. Elles portent souvent des noms évocateurs. Parfois trompeur, comme Shark Island où nul requin ne croise. Ou intriguant, comme 115 Island, sans doute en référence à une cote d'altitude, mais qui sonne comme le théâtre d'une bataille du Pacifique. Il y a aussi Myut Ni, Ba Well, McLoud…

Mais c'est un autre nom qui fait frémir de curiosité les touristes qui cinglent vers les Mergui. Les Moken, les « nomades de la mer ». Un peuple condamné à vivre sur l'eau si l'on en croit les vieilles légendes. Ils ne seraient plus que 3 000, aujourd'hui, dispersés au large des côtes du Tenasserim. Une faute originelle aurait dicté leur destinée marine. Ainsi le conte l'histoire de Gaman et Sibian, où l'amour une fois de plus a chamboulé la destinée des hommes. Gaman, un musulman malais, était l'époux de la reine Sibian. Le malheur voulut qu'il tombe amoureux de sa jeune belle-sœur, Kèn… La reine outragée décréta une interdiction d'habiter sur la terre ferme, mettant sur-le-champ en œuvre ce bannissement en jetant Kèn à la mer.

Par cet oukase tropical, Sibian fixa aussi des règles pour la construction des bateaux des proscrits. Ils devraient toujours être faits dans le bois d'une seule bille, avec des échancrures à la proue comme à la poupe, symbolisant la bouche qui mange et l'orifice par où l'homme ensuite se déleste. Depuis ces temps anciens, le cordon ombilical de leurs enfants plonge dans les eaux tièdes. Coupés de leurs racines terrestres, les Moken s'imposèrent une étrange forme « d'autopauvreté », refusant les innovations techniques et tournant le dos à l'accumulation de biens. Pour prendre le poisson, ils ignorèrent les filets, n'usant que la lance et le harpon. Ainsi, ne parlez pas à Jacques Ivanoff d'un peuple de pêcheurs ! Les Moken sont des « chasseurs de la mer », rectifie aussitôt ce chercheur du CNRS qui leur a consacré sa vie.

Que deviendront les Moken, quand le monde croisera sur ces eaux qui sont leur nation ? Cette question taraude le scientifique, qui pilote un groupe de travail international sur le sujet. Stupéfait, il a assisté à la mue, en une poignée d'années, du mode de vie d'un peuple aux 4000 ans d'histoire. Tout s'est joué au début des années 2000, quand les vagues de pêcheurs birmans ont déferlé. Deux mondes se sont entrechoqués. Et mêlés, vite. « C'est incroyable. En à peine trois ans, les Moken ont opéré un changement radical. Ils ont arrêté de naviguer, ont rompu avec leur vie nomade sur l'eau. » Alors que, jusqu'ici, personne n'avait réussi à l'évangéliser et le sédentariser, ce peuple a, comme un seul homme, posé son sac à terre. Jacques Ivanoff veut croire en la résilience de ce peuple oublié et la soutenir en offrant un musée à sa mémoire.

Dans le village de Jalann, devant lequel le *Raja Laut* a jeté l'ancre, ils sont 300 Moken à vivre aux côtés d'une centaine de Birmans. La bourgade se niche dans la hanche sud d'une baie resserrée. L'étagement des lieux renseigne sur les trois catégories d'hommes qui se partagent les lieux : des soldats, des moines, des pêcheurs.

Les militaires, on ne les voit pas, mais leurs paillotes frangées de palmes coiffent une colline douce comme l'épaule polie d'une nonne bouddhiste. De l'autre côté d'une petite ravine, sorte de barrière naturelle avec le monde civil, est justement planté le monastère. Trois moines et huit novices l'habitent, tous venus du continent. Si le goût des statues violemment peinturlurées se discute, l'endroit est propret, ce qui n'est pas toujours le cas dans le village, où le tri sélectif n'est pas le souci premier. « Nous sommes ici car les militaires nous ont fait venir et ont payé le monastère », explique Saw Pa Tha Tay, le moine qui règne sur les lieux. L'école, dont ils s'occupent, a été refaite il y a deux ans. « Les Moken sont difficiles à éduquer. Ils ne pensent jamais à l'avenir, poursuit le moine à la peau de cuivre. Dès qu'ils ont fait une bonne pêche, ils dépensent tout leur argent. Alors, vous pensez bien que, quand il s'agit de se projeter dans le futur avec l'éducation de leurs enfants… »

Plus bas, à marée haute, l'eau vient taquiner les chevilles sur le petit chemin empierré qui, à flanc de colline, enfile le village. Aux heures rageuses de la mousson, l'offensive doit être d'une autre vigueur. Dans un tripot mâtiné d'épicerie, qui ouvre sur la mer, des hommes jouent au billard. Il faut passer vite, car l'endroit donne irrésistiblement envie de boire. Partant à l'équerre, des allées sur pilotis marchent sur l'eau. Dans chaque maison, du bois nu sous les pieds et, sous les planches, une barque. Tout cela sous le signe du regroupement familial. « Les Birmans sont arrivés il y a une dizaine d'années », raconte Aung, une femme qui ne connaît pas son âge. Sur le bien ou le mal qui en a résulté, elle ne veut pas s'avancer. Les siens y ont perdu des coutumes, mais gagné des médicaments et un centre de soins. Sur ses sept enfants, trois sont morts. « L'un de mes enfants a plongé, et il n'est pas remonté », dit-elle simplement. Pour leur habileté à descendre en apnée sous la mer, les Moken ont été prisés des nouveaux exploitants des eaux de l'archipel. Mais l'arrivée des bouteilles d'air comprimé, sans formation d'accompagnement, a fait des ravages. « Les pauvres ne connaissent rien aux paliers de décompression : ils remontent trop vite, confie un cousin d'Aung. Et puis, il faut dire qu'ils plongent souvent en ayant bu de l'alcool. »

Le seul endroit où la nature des Mergui n'est pas toujours intacte, c'est justement sous la surface de l'eau. La pêche à la dynamite a parfois tué les coraux. Mais les skippers comme Nicolas connaissent les coins ayant échappé aux bâtons destructeurs…

Ainsi, cette baie presque entièrement fermée, où le mouillage de notre bateau fut pris un soir. Tout autour, des éminences terrestres couvertes d'une jungle dense, de tecks, d'acajous et de figuiers. Et des aigles de mer ceinturant de leur vol les hautes cimes. Dans ces moments-là, quand la chaîne cliquette dans l'écubier en filant à l'eau, on s'attend à voir le brick d'un roman de Conrad surgir de l'horizon pour prendre à son tour le mouillage. Est-on dans les Mergui ou sur la côte du Refuge des pages de *La Rescousse* ? Au bout de cette « mer calme dont la surface absolument lisse invitait à de longs et interminables voyages » ? Sur ces eaux « malaises », l'esprit ne peut que naviguer de conserve avec le maître littéraire des folies tropicales.

Mais ce n'est qu'un esquif de pêche birman qui approche, avec ses longs bras, mouchetés de lampes pour attirer les calamars, qui le font ressembler à un gros moustique d'eau. Qu'importe. Si le navire est à l'ancre, l'imagination a pris le large. Ces îles ne semblent avoir été créées que pour d'aventureuses entreprises. Derrière ces frondaisons embrumées par le soir se cachent sans nul doute des hommes aux rêves de royaume. Et l'on songe aux mots d'un autre écrivain, pourtant fort peu d'Asie, lui, Camus, quand il écrit : « D'une manière générale, j'aime toutes les îles. Il est plus facile d'y régner. »

# L'île Maurice, sillage de France dans l'océan Indien

Il en est ainsi depuis deux siècles. Quand le galop des pur-sang fait trembler la terre du champ de courses, l'onde rageuse remonte dans le ventre des Mauriciens. En ce samedi de fin d'hiver indien, une foule joyeuse se masse au centre de l'hippodrome. On est venu en famille, on pique-nique, on parie, et une immense clameur monte à chaque cavalcade. Les grands jours, il peut y avoir 40 000 personnes massées contre les barrières blanches et un quart de la population du pays devant sa télévision. Les courses, ici, sont une institution. Un divertissement national et, historiquement, un creuset de la nation.

Le 21 juin 1812, là où le sang avait failli couler à vifs ruisseaux deux ans plus tôt entre Français et Anglais, des chevaux s'élancent pour une joute pacifique, sous le regard des deux communautés. Des courses hippiques pour rapprocher de vieux ennemis. Le Mauritius Turf Club de Port-Louis – le plus vieux de l'hémisphère Sud, s'enorgueillit-on ici – vient d'être créé par le gouverneur anglais, avec l'objectif affiché de réconcilier ceux qui venaient de se disputer le contrôle de l'Isle de France. La Couronne britannique avait vaincu. « Le champ de Mars devenait un champ de paix », commente Khalid Rawat, directeur adjoint du Turf Club, faisant allusion à l'utilisation du lieu comme terrain de manœuvres par les troupes françaises, jadis. « Aujourd'hui, ajoute-t-il, les courses servent toujours de lieu de rencontre entre les différentes communautés, mais le spectre s'est élargi avec les Créoles, les Indiens, les Chinois… »

La personnalité du gouverneur anglais ne fut pas étrangère à cette étonnante diplomatie équestre. Sir Robert Townsend Farquhar savait parler aux Français. Il maîtrisait la langue d'un pays dont sa femme était originaire. Surtout, cet ancien de la Compagnie des Indes britanniques était un fin manœuvrier. Pour Londres, l'île Maurice serait une colonie d'administration et non de peuplement. Une sorte d'impérialisme passif. « Les Anglais avaient besoin des Français et voulaient éviter de les braquer, explique Raymond d'Unienville, avocat et historien passionné. Ils ont laissé le Français continuer à nommer les lieux et rythmer la vie publique. Dans l'administration, la police, les douanes, les impôts et même les tribunaux, le système français est resté en place. Aujourd'hui encore, le Code Napoléon est en partie en vigueur. » Cet érudit symbolise à lui seul cette étonnante double culture. Pétri de culture française, il porte sur son blazer bleu marine les armes d'Oxford.

Le kiosque à musique du Turf Club, aujourd'hui occupé par des bookmakers, a longtemps témoigné de cette cohabitation franco-britannique. « Jusqu'à l'indépendance, en 1968, on y jouait encore *La Marseillaise* avant le *God Save the Queen* », raconte Didier de Senneville, descendant d'une grande famille de l'île. L'île Maurice reste aujourd'hui un cas unique au monde. Une terre où, après plus de 150 ans de colonisation britannique, le français est compris, voire parlé, par l'ensemble de la population. Membre du Commonwealth, le pays l'est aussi de la Francophonie. Cette proximité linguistique est favorisée par le fait que le créole mauricien est à 80 % issu du français. Les journaux sont francophones. À l'école, le français est une matière obligatoire dès le primaire. Pour la France, riveraine de l'océan Indien avec notamment l'île de La Réunion voisine, cette complicité culturelle est un atout géopolitique de poids. Pourtant, vu de Paris, si Maurice est réputée pour ses plages et son accueil raffiné, elle l'est moins pour une incroyable histoire tricentenaire, où l'on croise, sur la route des Indes, Surcouf et Baudelaire.

Les premiers à s'être installés sur cette terre de l'Indien étaient pourtant les Hollandais. Ils ne restèrent qu'une brassée d'années, le temps d'importer de Java les cerfs et la canne à sucre. Et de donner à l'île le nom de Mauritius, en l'honneur de Maurice de Nassau, prince d'Orange. Mais les Hollandais, qui cherchaient surtout une escale pour les navires en route vers Batavia, délaissèrent vite l'île pour Le Cap. Les Français, qui observaient tout cela depuis l'île Bourbon (aujourd'hui La Réunion) voisine, s'empressèrent de débarquer. Le 20 septembre 1715, le capitaine Guillaume

Dufresne d'Arsel prend possession de l'île et la baptise « Isle de France ». La rade du nord-ouest est nommée Port-Louis, en l'honneur de Louis XV. « La colonie va vraiment se développer sous l'impulsion de Mahé de La Bourdonnais, qui lance l'industrie sucrière, raconte Raymond d'Unienville. L'île est restée jusqu'en 1764 administrée par la Compagnie des Indes orientales avant de passer sous l'autorité du roi de France. »

Pourquoi les Anglais décidèrent-ils un jour de s'emparer de cette terre éloignée de l'Indien ? La réponse se lit sur une petite stèle perdue au milieu du cimetière de l'Ouest. Ici, sous des dalles reculant sous des assauts moussus, reposent nombre de Français de Maurice. Sur une face du petit monument, le nom d'un ancien gouverneur de l'Isle de France, David Charpentier de Cossigny, qui portait aussi le titre magnifique de « Commandant général des établissements français à l'est du cap de Bonne-Espérance ». La réforme territoriale n'était pas encore passée par là et le titre a plus d'allure que celui de préfet de région… Avec une égale poésie, une autre face de la stèle rend hommage aux « marins inhumés ici ou immergés au large ». Suivent quelques noms et parmi ceux-ci « Jean-François Trébuchet, 1783 », le grand-père de Victor Hugo. Puis « Charles Surcouf, 1805 », un frère de Robert, le prince des corsaires.

Là se lit l'explication de l'attaque anglaise. L'Isle de France était devenue la base arrière des hardis marins menant la guerre de course contre les navires anglais, d'un golfe à l'autre de l'océan Indien. Garneray, Le Même[2], Dutertre, et bien sûr ce diable de Surcouf. C'est à Port-Louis que relâchait le *Revenant*, son célèbre trois-mâts barque, avant de cingler vers le nord pour des rezzous nautiques. « Tant que les Français posséderont l'Isle de France, les Britanniques ne seront pas maîtres de l'Inde », avait dit un jour William Pitt. Le 3 décembre 1810, l'île tombe. Auparavant, l'affrontement aura offert à la Marine française une victoire. Au mois d'août 1810, les frégates du futur amiral Duperré défont une petite escadre britannique dans la rade de Grand Port, près de Mahébourg. « C'est la seule victoire navale des guerres napoléoniennes, la seule inscrite sur l'Arc de Triomphe à Paris », raconte Marcel Lindsay Noë, consultant en tourisme et passionné de mer. Pour en porter la mémoire, un petit musée est installé dans une belle demeure coloniale, où les deux commandants ennemis, blessés, furent portés et sportivement soignés l'un à côté de l'autre. C'est donc une île anglaise que découvre Baudelaire. Il a 20 ans lorsqu'il débarque « au pays parfumé que le soleil caresse », le 1er septembre 1841. Le jeune Charles a appareillé pour les Indes sur le *Paquebot des Mers du Sud*. C'est presque un voyage disciplinaire, à la vocation rédemptrice dans l'esprit de son beau-père, le rigide général Aupick. Ce dernier veut éloigner le jeune Charles du pavé parisien, bien trop glissant pour la morale. « Il pourrait nous rentrer dans le vrai et nous

2. François-Thomas Le Même ou Lemême, né à Saint-Malo le 13 janvier 1764 et mort le 30 mars 1805 sur le Waltherstow entre l'Inde et l'Angleterre, est un corsaire français.

revenir poète peut-être, mais poète ayant puisé ses aspirations à de meilleures sources que les égouts de Paris », écrit-il. Las, Charles n'ira pas jusqu'à Calcutta. Passé le cap de Bonne-Espérance, son bateau est pris dans une violente tempête. Très éprouvé, en partie démâté, il doit se dérouter sur Port-Louis.

Aujourd'hui, nul touriste ne porte ses pas sur les pavés noirs de la rue Guibert – anciennement rue des Tribunaux. Au numéro 8 se niche l'étude de Maître Robert, avoué. Dans cette jolie maison de bois gris coiffée d'un toit en bardeaux, le poète fut accueilli par Gustave Adolphe Autard de Bragard, rencontré en ville ou au jardin de Pamplemousse. Ce jeune avocat insulaire l'invita ensuite à séjourner dans sa maison de Cressonville, sur la côte ouest. Cette dernière n'existe plus, mais une stèle rappelant ce séjour baudelairien a été posée récemment au coin d'un verger de litchis. « On sait peu de chose des dix-huit jours que le poète a passés sur l'île, et les faits se mélangent à la légende, confie Hélène de Senneville. Pour une belle exposition "du Tricentenaire" dans sa galerie de Grand Baie, elle a même fait travailler un tatoueur sur des thèmes baudelairiens. Mauvais garçon comme il était, je suis sûre qu'aujourd'hui il se serait fait tatouer », s'amuse-t-elle. Les spécialistes débattront longtemps de l'influence de ce séjour aux Mascareignes sur la poésie baudelairienne. Le fameux sonnet « À une dame créole », probablement le plus ancien des *Fleurs du Mal*, ne fait pas débat, puisqu'il fut écrit pour M$^{me}$ Autard de Bragard. Après un séjour à l'île Bourbon, le jeune homme préféra tourner le dos à l'Orient et reprendre un bateau pour Bordeaux. Nous laissant à jamais nous demander si les Indes auraient assagi le turbulent poète…

De ce sillage de France en océan Indien, il reste de vieilles demeures coloniales, où les meubles aux bois épicés de la Compagnie des Indes côtoient la marqueterie française et les vases chinois. « Une âme unique, aussi, affirme Michèle Malivel, présidente passionnée du Tricentenaire. Nous n'étions que neuf cents en 1720, et les descendants de cette petite poignée de pionniers, toujours minoritaires, se sont battus contre vents et marées pour que cet esprit de France continue à vivre dans l'océan Indien, un esprit de liberté et d'humanité qui irradie aujourd'hui toute la population de l'île, quelles que soient ses origines. » Pour le nouveau président de la Mauritius Tourism Promotion Authority, Arnaud Martin, « cette histoire si riche est un socle pour développer désormais un tourisme culturel ». Entre Maurice et la France survit aussi un vieux contentieux maritime. Sur l'îlot de Tromelin, du nom du chevalier et marin français qui en 1776 sauva les derniers esclaves rescapés d'un tragique naufrage survenu quinze ans plus tôt. Aujourd'hui, ce qui est en jeu, ce n'est pas un caillou d'à peine 1,2 km, mais les 280 000 km$^2$ de Zone économique exclusive maritime sur lesquels il ouvre… La dispute n'est pas si grave. Après tout, comme il est écrit sur une tombe du cimetière de l'Ouest : « Oui, tout passe ici-bas. La vie n'est qu'un grand rêve… »

# Table

## Les mystères des îles



## Histoires extraordinaires



## Voyages au long cours

Achevé d'imprimer par Rotativas de Estella,
en avril 2025
Dépôt légal : mai 2025

*Imprimé en Espagne*